AF193243

Círculo Rojo

He decidido seguir a Cristo

He decidido seguir a Cristo

UNA GUÍA PRÁCTICA Y HONESTA AL
EMBARCARTE EN LA AVENTURA DE LA FE

SHERYLL REYES

Círculo Rojo
EDITORIAL

Primera edición: marzo 2024

Depósito legal: AL 431-2024

ISBN: 978-84-1061-774-2
Impresión y encuadernación: Editorial Círculo Rojo

© Del texto: Sheryll Reyes
© Maquetación y diseño: Equipo de Editorial Círculo Rojo

Editorial Círculo Rojo
www.editorialcirculorojo.com
info@editorialcirculorojo.com

Impreso en España - Printed in Spain

Editorial Círculo Rojo apoya la creación artística y la protección del copyright. Queda totalmente prohibida la reproducción, escaneo o distribución de esta obra por cualquier medio o canal sin permiso expreso tanto de autor como de editor, bajo la sanción establecida por la legislación.
Círculo Rojo no se hace responsable del contenido de la obra y/o de las opiniones que el autor manifieste en ella.

El papel utilizado para imprimir este libro es 100% libre de cloro y, por tanto, **ecológico**.

Dedicatoria

A mi hermano Oliver y su esposa Gabriela que fueron la puerta de bendición en mi casa. A mi familia y amigos que son el viento bajo mis alas.

A mis pastores Carlos León, Nina León, Radill González y Jessica Machucala y junto a ellos los líderes de Global Internacional (República Dominicana) y Hechos Barcelona (España), por modelarme el amor de Jesús con tanta paciencia.

A todo aquel que tome este libro y entre sus líneas encuentre la fuerza de seguir a Cristo.

Índice

Prólogo

Jessica Machucala

Tal vez acabas de recibir a Jesús en tu corazón como tu Señor y Salvador, quizás es la primera vez que visitas una iglesia o simplemente alguien te acaba de regalar este libro. Sea cual sea tu caso, que lo tengas en tus manos, para mí significa que ERES AMADO.

En ocasiones, cuando estamos realizando una ruta de senderismo nos encontramos con varias personas en el camino que ya han pasado por donde nosotros estamos yendo e incluso, han alcanzado a llegar donde nosotros tan solo hemos anhelado. Esta ruta de senderismo la puedo relacionar con el camino de la fe, ese camino en el que decides seguir a alguien que por alguna extraña razón impulsa todo tu ser a avanzar, sin saber muy bien lo que te encontrarás al final del trayecto. Contrario a cualquier pronóstico, algo brota desde tu interior que resuena en todo tu ser, "debo continuar". Y qué maravilloso es saber que en este camino te estás encontrando con alguien que ya pasó por ahí. Sheryll, la autora de este libro, de una manera muy amena y honesta, te contará lo que te podrías encontrar en este increíble y angosto sendero.

Cuando anhelamos dar nuestros primeros pasos de fe, pueden venir dudas, incertidumbre, preguntarte si estás haciendo lo correcto o incluso tener el deseo de dar un paso atrás. A lo mejor piensas que estás bien con tu "realidad" que, aunque no es lo que deseas vivir, pareciera ser una buena opción quedarte tal cual. Pero quiero animarte a que prosigas hacia delante. Estás a punto de descubrir lo fantástico de vivir una vida con Cristo.

Más de una vez te habrás preguntado ¿Cuál es mi propósito?, ¿Qué me depara la vida?, ¿Es esto todo lo que hay por vivir?, ¿Por qué tanto dolor?, ¿Existe una segunda oportunidad? Permíteme decirte, hay respuesta para cada una de esas preguntas e incógnitas, humanamente son difíciles de responder, pero quien me ha respondido a cada una de ellas, mi amado Creador, también tiene el interés de responder a todas tus incertidumbres.

En ocasiones pueden venir pensamientos a tu mente de que todo esto es una farsa, que no es real eso de vivir una vida con propósito. Sin embargo, así como desde la fundación del mundo se nos dio la oportunidad de elegir entre el bien y el mal, hoy está en tus manos la decisión de descubrirlo de manera personal.

Cada capítulo que Sheryll escribió para nosotros te apasionará tanto como a mí. Descubrirás lo que la llevó a sentarse en la última fila de una iglesia y decidir que ese sería su rincón "perfecto" para ser una espectadora más en aquel lugar. Pero lo que ella no sabía es que Dios la quería como protagonista y no como una simple espectadora. Harás un tour por su habitación, mirarás al techo como ella lo hacía, sé que te identificarás con unos cuantos pensamientos y lo más impresionante es que terminarás tan apasionado como ella, por aquel que también dio su vida por ti y te está esperando con los brazos abiertos para avanzar juntos.

Me emociona saber que dispones de esta joya en tus manos. Créeme, eres privilegiado. Personalmente, me habría encantado tener este libro cuando por primera vez, llena de alegría, ilusión y algún que otro temor dije: *He decidido seguir a Cristo* y no quiero volver atrás.

Así que te invito a que te embarques en este viaje de fe y descubrimiento. Abre tu corazón, abre tu mente y prepárate para ser transformado.

¡Bienvenido a este viaje! ¡Ponte el cinturón y acomódate para la aventura de tu vida!

Introducción

Era una tarde de julio del 2018 y, aunque el sol ya iba descendiendo, mis manos se apretaban sudorosas al volante mientras conducía por una avenida principal de Santo Domingo. Conmigo iban mis padres. Nos habían invitado a recibir a mi hermano y su esposa de un retiro espiritual que habían hecho durante todo el fin de semana junto a una iglesia cristiana evangélica. Esa fue la primera alarma que saltó en nuestra cabeza de que algo raro había en aquella invitación. ¿Iglesia? ¿Evangélica? No obstante, si algo tengo que decir de mi familia es que siempre estamos por los otros, así que esa no sería la excepción, ahí estaríamos.

Al llegar al auditorio las caras de mis padres se encontraban con la mía y compartían señas inaudibles de expectación y asombro por igual. Y es que aquello no parecía una iglesia; era un auditorio común y corriente con una pantalla en el escenario (¿o altar?), instrumentos, entre los que se encontraba una guitarra eléctrica y una batería, y luces de colores por doquier. De algo estaba segura, esto era totalmente diferente a todo lo que había visto yo en una iglesia antes o me habían contado.

Hace solo unas dos semanas había terminado mi último proyecto cinematográfico y estaba en esos días de respiro para empalmar con el siguiente. Sin embargo, este había sido distinto. La cantidad de estrés físico y emocional me había dejado drenada y no como en otras ocasiones. Es muy bien sabido por los que trabajamos en la industria del cine que al terminar un proyecto queda una sensación de vacío, de falta de propósito, que se regula normalmente al segundo o tercer día de descanso. Es como una resaca de haber dado a luz, de todo el esfuerzo dejado en la lona después de un enfrentamiento cuerpo a cuerpo, es una desazón de los dos o tres meses respirando y viviendo a través de noventa páginas de un guión traídas a la vida por no menos de cien seres humanos vivos y tan diversos como las piedras de un rio. Pero esta vez, en mi caso, iba aún más profundo. Recuerdo que esas dos semanas las pasé en un automático que jamás había experimentado. Comía, dormía, lloraba y volvía a comer, a dormir y a llorar.

Un día me pasé una tarde completa mirando el techo blanco de mi habitación y las lágrimas no dejaban de correr. No sabía por qué lloraba ni cómo detenerme. En el afán de volver a mi normalidad, recordé que esto ya me había pasado antes aunque no con la misma intensidad. Quizás me estaba volviendo más dramática, pensé. Me pasó a los catorce años, cuando incluso atenté contra mi vida; a los veinticuatro, cuando el gimnasio se volvió mi terapia; y nuevamente a los veintiocho, cuando entonces comencé a explorar senderos diversos en busca de respuestas. Me adentré en relaciones que no eran saludables, probé la terapia convencional, asistí a talleres de superación y liderazgo, yendo incluso más allá, adoptando una rutina en el gimnasio que involucraba píldoras y atajos. Me sumergí en el mundo del yoga y los diarios de agradecimiento, intentando encontrar el ansiado contento. Y claro está, en todo este proceso mantuve una sonrisa de Mona Lisa en mi rostro, pues nadie debía percibir mi tormento interno. Pero ahora tenía treinta y uno y algo me decía que nada de lo que había hecho antes esta vez funcionaría. El dolor era tan profundo que traspasaba mi cuerpo y mi alma al completo. Es que no tenía ni fuerzas de levantarme y plantar pecho, pero tampoco de intentar interrumpir mi vida de nuevo. Ahora sé que en ese momento ya estaba muerta pero en vida.

Es por lo que aquella tarde de julio, cuando vi los rostros de mi hermano y su esposa al volver de su Encuentro Cara a Cara con Dios, lo supe al instante. Todavía puedo cerrar los ojos y ver su mirada y sentir la misma chispa que se encendía en mi interior en ese momento. Por fin, me di cuenta de lo que me había estado faltando, aunque no pudiera ponerle nombre. Era como si las piezas del rompecabezas de mi vida finalmente encajaran, pero al mismo tiempo, me enfrentaba a un desafío inesperado: me hacía falta todo.

Había construido mi vida con bloques sólidos, según yo: el amor inquebrantable de mi familia, un trabajo que me colmaba de satisfacción y estabilidad financiera, el apoyo de mis amigos, mi salud, amores a diestra y siniestra. Era una lista de bendiciones que muchas personas anhelarían. Pero en el fondo de todo eso, había un vacío abismal. Estaba tan vacía que sólo podía sentir una vergüenza arrolladora. Cómo podía ser que teniéndolo todo no me contentara con nada, ni con nadie… Ese vacío me sacudió con una intensidad sorprendente, pero también fue el punto de partida para Dios, porque entonces Él lo reconstruiría TODO.

Ese día repetí una oración que, tiempo después supe que era la oración de fe, y aún sin estar muy segura de lo que significaba cada palabra que estaba pronunciando, las dije convencida de que esa era mi última oportunidad. Estaba cansada, agotada, hecha trizas y tan rota que no me importó llorar como una niña en ese auditorio lleno de gente.

Estaba tan lastimada que no sabía ni por dónde comenzar a sanar. Lo peor fue darme cuenta de que muchas de esas heridas me las había ocasionado yo misma con mis propias decisiones y había vivido tratando de ocultarlas en lugar de sanarlas. Era como si alguien con una llaga en carne viva hubiera intentado cubrirla con vendajes de porcelana. Supe desde el primer momento que el proceso sería doloroso porque Dios iba a tener que arrancar cada uno de esos parches que "mi misma" se había colocado y con cada uno de ellos se desgarraría todo mi ser. Cada arrancada sería devastadora pero liberadora a la vez, porque me permitiría recuperar mi esencia, mi autenticidad. Esa identidad que sólo podía venir de Él. Ahora, en lugar de porcelana, por muy bonita que pudiera verse, tendría piel, mi piel, y por fin, volvería a sentir y a experimentar la vida en toda su plenitud. No más pilotos automáticos, no más atajos de placer instantáneo para evadirme de la vida.

Los domingos por la mañana, un rincón especial en las últimas filas de la iglesia se convirtió en mi refugio de transformación. Inicialmente, me encontraba confundida por la alegría que inundaba el lugar y por las sonrisas sinceras que me rodeaban. Durante más de tres meses, mi ritual consistía en llegar, tomar asiento en ese rincón, dejar que las lágrimas fluyeran y luego regresar a casa. Pero cada domingo, algo comenzaba a cambiar en mí. Mis ojos se abrían a los hilos invisibles que Dios había estado tejiendo en mi camino para atraerme a Él.

En ese espacio, experimenté cambios sutiles pero poderosos. Mi manera de comunicarme evolucionó, mis relaciones con la familia y amigos se transformaron, y mi forma de reaccionar ante la vida adquirió un matiz diferente. Ser una buena persona ya no era suficiente. Era como si Dios estuviera haciendo un trasplante de corazón en vivo y directo, tomando las riendas de mi existencia y guiándome hacia un nuevo propósito.

Una noche tras una reunión del ministerio de mujeres, llegué a casa con un sentimiento inquietante. Traté de dormir, pero no pude. Entonces me senté en mi cama y en la oscuridad que me rodeaba me sumergí en una oración y alabanza especial: era mi primera conversación genuina con Dios. Fue entonces que experimenté Su presencia, una sensación abrumadora que me susurró en lo más profundo de mi ser: "Así como estuve contigo en momentos de vergüenza, también estaré a tu lado en tu victoria". Con los ojos cerrados, vi con claridad Su promesa en mi vida, una promesa que aún persiste, firme y ardiente.

Meses después y de manera muy repentina para mí, pues apenas estaba sumergiéndome en su conocimiento luego de haberme bautizado, Dios me entregó mi propósito: contar historias de transformación que impacten mi generación.

A partir de aquel instante mi vida giró en torno a escuchar Su voz y permanecer en Su palabra, incluso cuando el camino se tornaba desafiante y solitario. Descubrí que el plan de Dios iba mucho más allá de mi propia sanación; estaba vinculado a un propósito más grande que se extendía hacia los demás. No se trataba solo de mi historia y mi lucha contra la depresión o superarme en la vida, sino de un plan perfecto en el que yo podía decidir ser parte.

Desde el 2018 cuando le di entrada a Jesús en mi corazón para que obrara en mí ha llovido bastante, muchos han sido los cambios, y aquí estoy, viviendo conforme a Su voluntad y compartiendo un poco de la abundancia que he recibido desde aquel glorioso domingo de julio. Ha sido una aventura formidable, repleta de desafíos y luchas, que me ha llevado fuera de mi tierra y mi parentela como a Abraham (Génesis 12:1), me ha formado como a Jacob cambiando su nombre a Israel (Génesis 35:10) y me ha prosperado como a José (Génesis 39:20-23). Y lo mejor es que este es solo el comienzo.

He decidido seguir a Cristo no es un título casual y es que yo soy una mujer de palabras, me encantan! "He decidido" está conjugado en pretérito perfecto. Este tiempo verbal, según la RAE, se forma por el presente de un verbo auxiliar (haber) y un verbo en participio que denota acción. Es un tiempo verbal que sitúa la acción como un proceso originado en el pasado pero que sigue ocurriendo en el presente. Decidí ayer y continúo decidiendo hoy. Mi deseo es que en cada página de este libro encuentres una razón más para avanzar en Cristo y decidirte por Él cada día. No te detengas, no te sueltes.

Si has decidido seguir a Cristo y sientes que estás navegando en aguas desconocidas, este libro es para ti. Hace un tiempo yo estuve también en esa última fila y habría deseado que alguien me contara lo que ahora quiero compartir contigo en estas páginas. Aquí encontrarás algunas vivencias y verdades que podrían iluminar tu camino, no hacerlo más ligero, pero sí más ameno y menos solitario.

Por otro lado, si has sido un creyente de toda la vida o has caminado con Dios durante muchos años, este libro también es para ti. A veces, en medio de la rutina normalizamos Su manifestación en nuestras vidas, olvidamos ese primer amor y la sensación de ser transformados desde lo más profundo. En estas páginas, encontrarás un recordatorio de esos momentos cruciales en los que Dios te escogió y te extendió un llamado especial para seguirlo.

Este libro es para ti que todavía dudas sobre lo que Dios quiere para tu vida o no has encontrado tu propósito. Mi deseo es que Dios te revele Su amor y Su plan perfecto, que puedas transitar en Su gracia y descubrir la mejor forma en que puedes servirle. Oro para que este libro sea de bendición para tu vida y todos los que te rodean.

Sheryll Reyes.

PARTE I
RECOGIENDO LOS PEDACITOS

A los pies de Cristo se llega por convicción o por quebranto,
pero siempre por Su Amor.

Capítulo 1. Hilos de amor

Descubriendo el tejido invisible que me acercó a Dios

Vamos al lío. Sea como sea que hayas llegado a esa última fila, déjame dejarte algo muy claro, estás en el lugar correcto. Todo lo que hayas tenido que pasar y todo lo que hayas tenido que dejar atrás valdrá la pena, que no te quepa la menor duda. Esas cargas de vergüenza, culpa, incertidumbre, que ahora parecen tan pesadas y difíciles de dejar, las verás convertirse ante tus propios ojos en lo más diminuto e insignificante que pudieras experimentar. De ahora en adelante nada de eso te definirá, sino lo que Dios dice de ti, lo que Él a partir de ahora formará.

Pero este no es un camino que podamos adelantar. Vamos a tener que transitar por emociones y en lugar de evitarlas, como nos vemos impulsados a hacer desde muy temprana edad, te invito a que las acompañes y no te limites en reconocerlas, por muy descabellado que parezca: reconocer nuestros miedos, nuestros errores y nuestras debilidades forma parte esencial de acercarnos, por primera vez, a ese Dios próximo y a ese Dios personal que acabamos de conocer.

¿Qué estoy haciendo aquí? Es una de las preguntas que te ronda por la cabeza cada vez que te adentras un poquito más en los servicios, en su palabra, cada vez que te expones más a su presencia. Esa pregunta intrusa tratará de alejarte de la meta. Calma, pues te tengo una buena noticia. A partir de ahora contigo está el Espíritu Santo al que le has dado permiso desde que hiciste la oración en la que aceptaste a Jesús como tu Señor y Salvador, para mostrarte la verdad que está por encima de cualquier realidad que estés viviendo y a partir de un proceso único y personal, forjar en ti el carácter de Cristo.

La verdad

Esta es una etapa crucial en la que vas a experimentar en carne propia la máxima verdad. El amor incomparable de Dios. Él te amó primero, incluso antes de existir ya estabas en el pensamiento del Creador del universo y te ama, no por quien tú eres sino por quién es Él. Dios es amor.

> **1 Juan 4:7–8**
> *7 Queridos hermanos, amémonos los unos a los otros, porque el amor viene de Dios y todo el que ama ha nacido de él y lo conoce. 8 El que no ama no conoce a Dios, porque Dios es amor.*

Vivimos en un mundo que nos dice que el amor está en desuso, que el amor lastima, que el amor se acaba o que el amor es algo inalcanzable. Hemos confundido el amor con apego, hemos confundido el amor con el mero sentimiento de enamoramiento, pero el amor es más que eso. El amor es eso que sostiene nuestra existencia y todo el universo. Dios es amor. Dios nos sostiene, nunca se acaba y permanece.

Y para muestra, un botón. Una historia en la Biblia que ejemplifica claramente el amor de Dios es la parábola del "Hijo Pródigo", que se encuentra en Lucas, capítulo 15, versículos del 11 al 32. En esta parábola, Jesús relata la historia de un hijo menor que pide su parte de la herencia a su padre y se va lejos, malgastando su fortuna en una vida de derroche. Cuando enfrenta dificultades y hambruna, decide regresar a su hogar con la intención de ser solo un sirviente en la casa de su padre. Sin embargo, cuando el padre lo ve a lo lejos, corre a abrazarlo y celebrar su regreso. Organiza un festín y celebra el regreso de su hijo perdido.

Esta historia muestra el amor paciente, sin condición y misericordioso con que Dios nos espera con los brazos abiertos a que volvamos en sí. Según la RAE, volver en sí es recobrar el sentido que se había perdido, por un accidente o letargo. Separarnos de Dios es un accidente. Ese padre lo vio de lejos, quiere decir que no importa lo sucio, cambiado o transformados que estemos por nuestras transgresiones, Dios nos reconoce desde lejos. Ese padre, probablemente, se asomaba a esa ventana incontables veces al día esperando la llegada de su hijo. Dios no se cansa de esperarnos. Y finalmente, ese padre restituyó a su hijo a su condición inicial, esa que él mismo había renunciado y de la que ya no se sentía merecedor. Dios nos perdona, nos redime y restituye a nuestra versión original en una muestra más de que Su misericordia y Su gracia son más grandes que cualquier falta que podamos cometer. Una vez lo aceptamos como nuestro Señor y Salvador, nada podrá separarnos de su amor.

Semillas de bendición

Otra experiencia que se hará cada vez más constante en nuestras vidas a partir de ahora es que comenzaremos a identificar momentos y personas puntuales que durante toda nuestra vida han ido plantando una semilla de bendición hasta llegar a este punto crucial. Esta será otra muestra más personal de Su gracia porque, a pesar de que en nuestra vida pasada no lo eligiéramos a Él, Dios siempre guardó nuestro corazón y nos escogió desde el vientre de nuestra madre.

Romanos 5:8 NVI

Pero Dios demuestra su amor por nosotros en esto: en que cuando todavía éramos pecadores, Cristo murió por nosotros.

Una oración en la escuela que te hizo remover emociones, una repentina necesidad de agradecer, un accidente en tu juventud del cual te salvaste milagrosamente, una enfermedad que tu o un familiar superaron o las fuerzas que no explicas que tuviste en ese evento traumático que perdiste a uno de tus padres a destiempo, un pasatiempo que te acerca a personas que aportan en tu vida, un descanso que te desconecta del mundo y te conecta con Su creación, la dirección invisible de escoger una carrera universitaria que te apasionaba, un amigo o un familiar que siempre estuvieron en los momentos difíciles y te daban una palabra de aliento basada en su fe, la coincidencia de tomar un camino por otro en el que hubiera pasado algo terrible, y entre otras muchísimas semillas de bendición. Cuando comienzas a conocer a Dios te das cuenta de que tu vida ha estado plagada de incontables momentos en los que Él demostraba su amor aunque tú estuvieras de espaldas, por ignorancia o rebeldía, pero de espaldas. Duele, tiene que doler.

Y no sabes si duele más haberlo desconocido o el tiempo perdido, pero da igual, porque duele como el baile de unas olas cargadas de medusas. No se ven venir, pero cuando llegan te dan una estocada eléctrica que te abre la piel y quema. Resiste, que el alivio está cerca.

Hacer comunidad

Antes de adoptar una posición de víctima, mira a tu alrededor y te darás cuenta de que, en esa última fila y en las filas de más adelante también, hay otras personas que están gestionando o han tenido que gestionar ese tipo de sentimientos y emociones que ahora sientes en ebullición en tu mente y corazón, al enfrentarse con la verdad y con esas semillas de amor. Ahí radica una de las razones principales por las que es importante congregar y es que nos permite alejarnos del sentimiento que nos mantiene cautivos y presos en el pasado y nos acerca al cuerpo de Cristo que es su iglesia. La iglesia avanza cuando está unida.

Además, nos da la oportunidad de presenciar cómo Dios bendice la vida de cada uno de nuestros hermanos y hermanas en la fe, por lo que se convierten en recordatorios vivos de que nuestra bendición y nuestro milagro está a la vuelta de la esquina. Ver cómo Dios trabaja en otros me da la certeza de que mi experiencia personal no es algo que yo me esté inventando ni producto de la euforia de conocer algo nuevo o de mi fértil imaginación.

Colosenses 3: 15-16

15 Que gobierne en sus corazones la paz de Cristo, a la cual fueron llamados en un solo cuerpo. Y sean agradecidos. 16 Que habite en ustedes la palabra de Cristo con toda su riqueza: instrúyanse y aconséjense unos a otros con toda sabiduría; canten salmos, himnos y canciones espirituales a Dios, con gratitud de corazón.

Si hay algo valioso que tiene el cristiano es su testimonio; de dónde Dios lo sacó y hasta dónde ha llegado Su amor para sostenerlo. Si me preguntan a mí, eso me parece mucho más interesante que hablar del clima, de astrología o de la estrella pop del momento. Estamos hablando de historias cargadas de dificultades y obstáculos, pero también de aprendizaje, de crecimiento y de constante evolución. Son pequeñas películas mentales que te van a edificar y te van a servir de faro. No serás la primera persona ni la última en experimentar y quebrantarse ante el amor de Dios y eso, eso hay que compartirlo.

Siempre voy a recordar las intimidades que compartimos en uno de mis primeros grupos en casa mientras leíamos libros cristianos. A mí me encanta la lectura y eso fue un hilo de amor que Dios utilizó para ayudarme a permanecer allí. Sin embargo, la confrontación que me causaron revelaciones como "Su conducta exterior es únicamente el resultado de su vida interior. Satanás sabe muy bien que si puede controlar nuestros pensamientos, puede controlar nuestros actos también" expuesta por Meyer, J. (2011) y "La humildad no es pensar menos de usted mismo, es pensar menos en usted mismo. La humildad es pensar más en otros" por Warren, R. (2012), casi me vuelan la tapa de los sesos y de no ser por las líderes y mujeres que congregaban conmigo en ese grupo pequeño, quizás mi corazón no hubiera estado preparado para recibir ese mensaje.

A medida que pasan los días vas estableciendo vínculos con los miembros de tu iglesia y con los líderes. Conversaciones inesperadas después de los servicios y charlas en los momentos de comunión comenzarán a llenar tus días. Te ayudarán a comprender más sobre la Biblia, a sumergirte en la adoración, a entender el valor de la comunidad y a absorber las enseñanzas sobre la vida en la fe. Atesora cada intercambio y cada testimonio que te compartan, porque son diamantes forjados con fuego y la persona que te lo está ofreciendo te está dando acceso a su pasado, a su dolor y a la base de su vínculo con Dios.

Como detallaremos más en el capítulo 7, cada proceso que pasamos en el camino de seguir a Cristo no es por casualidad y servirá para formar nuestro carácter. Nada cae en saco roto una vez que estamos en Cristo, ni las necedades de nuestro pasado ni los errores que cometamos. Por eso es tan importante ir recolectando y compartiendo todas esas experiencias porque quizás esas sean las semillas de amor que Dios utilizará para los que vengan detrás de nosotros.

Oseas 11:4

Con lazos de ternura, con cuerdas de amor, los atraje hacia mí; los acerqué a mis mejillas como si fueran niños de pecho; me incliné a ellos para darles de comer.

- Dios me amó primero y mi respuesta a ese amor define mi carácter. ¿Quiero agradarlo, quiero pasar más tiempo con Él, quiero conocerlo más, o me mantengo lejos, rebelde, en mi propia prudencia? El amor es una elección y elegirlo a Él cada día es nuestra manera de mostrarle amor y gratitud.
- Seguir a Jesús de todo corazón significa acercarnos más a Él, exponernos a Su presencia, saber los planes y propósitos que tiene en nuestras vidas y cómo encaja eso en Su plan perfecto.
- Dios nos alimenta con Su palabra y Su palabra fortalece nuestra fe cada día.

Chispa de acción

Pídele a Dios que te revele los hilos de amor que a lo largo de tu vida fueron semillas de bendición que Él fue sembrando en tu camino para atraerte a Él. Haz una lista y medita sobre ella dejando que Dios te inunde con su amor.

Capítulo 2. La revelación del Ser

Explorando mi identidad a través de cómo Dios me ve

Hablemos de identidad. En un mundo donde cada vez más estamos dando mayor importancia al tener y al hacer se hace imprescindible hablar de identidad. ¿Qué es eso que me diferencia del resto, que me define y que me hace SER quién soy?

Separando la idea de que pertenecemos a un entorno familiar y social que, funcional o disfuncionalmente, nos haya definido, nuestra identidad es eso que nos define y la mayoría de las veces incluso determinará muchas variables en nuestra vida. De ahí vendrán luego los estereotipos, las comunidades vulnerabilizadas y las segregaciones culturales, porque siempre intentaremos clasificar y encajar todo según la suma de sus características, según su identidad.

Tu identidad es esa frase de presentación que das luego de tu nombre. Hola, soy Sheryll soy... Por mucho tiempo mi identidad fue mi profesión. Pero para otros puede ser: soy mujer, soy dominicana, soy la esposa de, soy la hija de, soy independiente, soy espíritu libre, soy acuario, entre otros.

Pero cuando aceptamos a Cristo en nuestro corazón le damos permiso de volvernos a nuestro origen, a nuestra identidad original con la que Dios nos creó. Jesús nos habla del famoso "volver a nacer" en el que al entregar nuestra vida y seguirlo a

Él estamos aceptando un camino de desaprender para volver a aprender, despojarnos de la definición y expectativas del mundo para comenzar a vivir en Su diseño y en Su verdad para nuestra vida.

Tú no eres un trabajo, tú no eres un rol social, tú no eres una nacionalidad, tú no eres una cualidad, tú eres hija/o de Dios.

2 Corintios 5:17

De modo que si alguno está en Cristo, nueva criatura es; las cosas viejas pasaron; he aquí todas son hechas nuevas.

Dios hace nuevas todas las cosas y, aunque todas quiere decir todas, delimitemos qué es todo eso que Dios hace nuevo en nosotros.

1.   El espíritu

Dios nos recuerda que fuimos creados a su imagen y semejanza por lo que cargamos su ADN de poder y amor para vencer los deseos de la carne.

Timoteo 1:7

7 Porque no nos ha dado Dios espíritu de cobardía, sino de poder, de amor y de dominio propio.

2.   La mente

Dios cambia nuestra mente. Ahí donde se originan los pensamientos que van a determinar nuestros comportamientos. Si nacemos de nuevo eso tiene que cambiar y no conformarnos con la realidad del mundo sino buscar Su verdad, esa que estará por encima de toda realidad.

Romanos 12:2

No se amolden al mundo actual, sino sean transformados mediante la renovación de su mente. Así podrán comprobar cuál es la voluntad de Dios, buena, agradable y perfecta.

3.   El corazón

Aquí es que Dios se hace grande porque al aceptarlo en nuestro corazón es como cuando te mudas de casa, quieres cambiarlo todo y que las cortinas combinen con la vajilla, pues a Dios le pasa lo mismo. Al aceptar al Espíritu Santo en nuestro corazón para que habite a sus anchas, los hábitos, las rutinas, con lo que llenamos nuestros días tienes que comenzar a combinar con las prioridades.

Ezequiel 36:26

Además, os daré un corazón nuevo y pondré un espíritu nuevo dentro de vosotros; quitaré de vuestra carne el corazón de piedra y os daré un corazón de carne.

4.   Las fuerzas

Aunque esta parte no se revele tan así al principio, en la medida en que vayas avanzando en tu relación con Dios y, por lo tanto, en la lucha constante de vivir en un mundo caído en donde eres extranjero, se va a hacer más y más necesario conocer esta verdad. Dios renueva nuestras fuerzas en la medida en que descansamos en Él.

Isaías 40:31

pero los que esperan en el SEÑOR renovarán sus fuerzas; se remontarán {con} alas como las águilas, correrán y no se cansarán, caminarán y no se fatigarán.

5. La identidad

En la Biblia hay una cantidad enorme de versículos que nos muestran nuestra nueva identidad en Dios. Por eso, Joyce Meyer asegura que este libro de libros no es más que una carta de amor que Dios ha escrito para nosotros. Somos amados, bendecidos, escogidos, restaurados, santificados, victoriosos, perdonados, libres y lo más importante: somos hijos!

Isaías 43:1

Ahora, así dice Jehová, Creador tuyo, oh Jacob, y Formador tuyo, oh Israel: No temas, porque yo te redimí; te puse nombre, mío eres tú.

¡Mía eres tú! Cuando Dios me reveló esa hermosa verdad, en mi interior hubo un quebrantamiento impresionante. Innumerables heridas en mi corazón sanaron con esas palabras. Con esas tres inofensivas palabras que cargaban ese amor eterno, ese amor indescriptible que sólo viene de Él.

Ancla tu identidad en Dios

Como seres humanos no perfectos podemos tener pájaros sobrevolando nuestra cabeza pero lo que no podemos permitir como cristianos, como hijos del dueño del universo, del creador de todo lo visible y lo invisible, es que hagan nido en ella.

Repite tantas veces como sea necesario. Mi identidad está en Cristo. Cuando el jefe te regaña con o sin razón. Mi identidad está en Cristo. Cuando en el tránsito te dicen hasta del mal que morirán tus bisnietos. Mi identidad está en Cristo. Cuando discutes con tu pareja y te dice una palabra mal puesta. Mi identidad está en Cristo. Cuando peleas con una amiga. Mi identidad está en Cristo. Cuando las redes no paran de mostrarte los felices y prósperos que son los demás. Mi identidad está en Cristo. Cuando me ahogan las deudas. Mi identidad está en Cristo.

Aquí te comparto cinco aspectos a tener en cuenta para recordar nuestra identidad en Cristo:

1. Relación: Buscar una intimidad con Dios que me permita conocerlo y escuchar su voz.

2. Leer su Palabra: Contrastar con la palabra de Dios todo comentario o crítica que recibamos.

3. Meditar Su palabra: Que la palabra de Dios sea el filtro de mis pensamientos y mis acciones siempre.

4. Practicar Su Palabra: Actuar conforme a Su Palabra y, por lo tanto, comenzar a verte ti mismo como Dios te ve.

5. Ser ejemplo: El cambio que queremos ver en otros comienza de dentro hacia afuera, pero de dentro de nosotros. Primero tenemos que permitir que Dios nos transforme y nos cambie primero a nosotros para poder ver ese reflejo en todo aquel que nos rodea.

1 Pedro 2:9-11

⁹ Pero ustedes son descendencia escogida, sacerdocio regio, nación santa, pueblo que pertenece a Dios, para que proclamen las obras maravillosas de aquel que los llamó de las tinieblas a su luz admirable. ¹⁰ Ustedes antes ni siquiera eran pueblo, pero ahora son pueblo de Dios; antes no habían recibido misericordia, pero ahora ya la han recibido. ¹¹ Queridos hermanos, les ruego como a extranjeros y peregrinos en este mundo que se aparten de los deseos pecaminosos que combaten contra el alma.

- Soy escogida, amada, santa, pertenezco a Dios, extranjera en este mundo.
- Mi misión es proclamar las maravillas de Aquel que me sacó de las tinieblas y me hace caminar en Su luz.
- Dios sigue siendo Dios pero si peco y me entrego a los deseos de la carne soy yo quien me separo de Él y Su plan perfecto en mi vida.

🎬 Chispa de acción

Medita en los dos primeros capítulos del libro de Efesios y descubre qué Dios dice de ti según Pablo. Usa este espacio y tu creatividad para que sea Dios mostrándote en cada trazo o palabra cómo Él te ve y cómo debes verte a partir de ahora tú también.

Capítulo 3. Puestos los ojos en Jesús

Enfocando mi atención en el ejemplo y las enseñanzas de Cristo

En Mateo 14:22-33 nos presenta un relato poderoso que invita a una reflexión cuidadosa sobre la fe y nuestra confianza puesta en Jesús en medio de las tormentas de la vida. La historia comienza después de que Jesús alimenta a más de cinco mil personas con cinco panes y dos peces, un milagro que, sin duda, dejó a sus seguidores asombrados por su poder indiscutible. Aunque, en Marcos 6:52, la palabra nos revela que todavía ellos no habían asimilado muy bien lo que había sucedido hacía sólo unas horas cuando estaban a punto de presenciar algo igualmente asombroso pero esta vez más íntimo.

Jesús insta a sus discípulos a subir a la barca mientras Él se retira a orar en soledad. La escena se desarrolla en la noche, en medio del Mar de Galilea, cuando la barca de los discípulos se ve azotada por las olas agitadas y el viento fuerte. En este contexto, surge una figura sorprendente: Jesús camina sobre las aguas. La visión de su Maestro desafiando las leyes naturales de la gravedad debe haber dejado a los discípulos perplejos y atónitos.

Pedro, siempre impulsivo y lleno de ardor, se destaca en esta historia al pedirle a Jesús que le permita caminar hacia Él sobre las aguas tumultuosas como prueba de que era Él que se acercaba a ellos. La respuesta de Jesús es simple pero llena de significado:

"Ven". Pedro, movido por la fe y el deseo de estar cerca de su Señor, se aventura fuera de la barca y comienza a caminar sobre el agua.

La fe de Pedro se manifiesta de manera palpable mientras camina hacia Jesús en medio de la tempestad. Sin embargo, pronto su atención se desvía de su Maestro a la furia del viento y las olas que lo rodean. Este cambio de enfoque tiene consecuencias inmediatas: Pedro comienza a hundirse. Aquí radica una lección crucial. Cuando perdemos de vista a Jesús y nos centramos en las circunstancias tempestuosas que nos rodean, corremos el riesgo de perder nuestra firmeza y estabilidad espiritual.

La respuesta de Jesús a la angustia de Pedro es también otra enseñanza. Mientras se hunde, Pedro clama: "¡Señor, sálvame!" En ese momento crítico, Jesús extiende su mano y lo rescata. La reprimenda amorosa de Jesús es instructiva: "¡Hombre de poca fe! ¿Por qué dudaste?" Esta respuesta no es un regaño cruel, sino una invitación a una fe más profunda y confiada.

Pedro es el único hombre que ha caminado sobre las aguas además de Cristo. El relato de Pedro caminando sobre las aguas nos recuerda la naturaleza frágil que puede ser nuestra fe y la necesidad de mantener nuestros ojos en Jesús, incluso en medio de las tormentas de la vida. Cuando nos enfrentamos a desafíos abrumadores, es fácil perder de vista la presencia constante y el poder transformador de Cristo. La fe de Pedro fue firme mientras se enfocó en Jesús, pero titubeó cuando permitió que las circunstancias adversas ocuparan su atención.

Y me encantaría también resaltar la compasión y disposición de Jesús para salvar a aquellos que, a pesar de su fe vacilante, claman por su ayuda. La mano extendida de Jesús está siempre lista para levantarnos cuando nos hundimos en el mar de las dificultades. Su llamado a la fe perseverante y confiada resuena a lo largo de los siglos, recordándonos que, aunque las tormentas puedan rugir a nuestro alrededor, la fe centrada en Cristo nos sostendrá.

Jesús no camino sobre las aguas para que sus discípulos se maravillaran o para que lo adoraran como el elegido de Dios. Jesús caminó sobre las aguas para modelarles la importancia de mantener la fe en medio de la tempestad a su alrededor. Jesús es nuestro ejemplo del estándar que tenemos que seguir como cristianos. Indistintamente de la etapa en la que te encuentres como seguidor de Jesús, fijar los ojos en Él te ayudará a avanzar en fe.

Hebreos 12:1-2

Por tanto, nosotros también, teniendo en derredor nuestro tan grande nube de testigos, despojémonos de todo peso y del pecado que nos asedia, y corramos con paciencia la carrera que tenemos por delante, ²puestos los ojos en Jesús, el autor y consumador de la fe, el cual por el gozo puesto delante de él sufrió la cruz, menospreciando el oprobio, y se sentó a la diestra del trono de Dios.

Separada de Ti no soy nada

En mi caso, la mayor turbulencia que tuve que sobrepasar para mantener mi mirada en Jesús fue mi ego. Me había creído tanto la película de ser autosuficiente y ser la mujer independiente del siglo XXI que puede con todo y con todos que no me daba cuenta lo perdida que estaba y que cada día me hundía más y más en mi propia insensatez.

Fue en esa reunión de mujeres que compartieron Juan 15:5. Nunca más mi vida ha sido igual. Ese versículo se convirtió en mi cable a tierra.

Juan 5:15

⁵ Yo soy la vid, vosotros los pámpanos; el que permanece en mí, y yo en él, este lleva mucho fruto; porque separados de mí nada podéis hacer.

Jesús me estaba diciendo que por eso me sentía vacía, me sentía incapaz y me sentía estancada, porque separa de Él yo no era, separada de Él no podía hacer nada. Y nada es nada. Yo soy muy gráfica y de inmediato me imaginé la rama de un árbol queriendo dar fruto y exprimiendo su tallito debilucho y cada hojita. Era imposible, por más esfuerzo que pusiera aquella rama no iba a poder dar fruto desconectada de la tierra que aporta el alimento y del tronco que lo transporta a la rama.

Aferrarme de esa promesa me hizo permanecer. Esa palabra resonaba en mi interior cada vez que quería inventarme una excusa para faltar un domingo al servicio o un martes a la reunión de mujeres. No sabía muchas cosas, pero Jesús me había prometido que si permanecía tendría muchos frutos y con lo que ya había hecho en mí, tenía de sobra para confiar en Él. Permanecería a pesar de mi miedo al compromiso, a pesar de mi soberbia y orgullo, a pesar de a veces no estar de acuerdo con lo que se decía en el altar, a pesar de las críticas de mis amigos, a pesar de mí misma y mi pasado. Permanecería.

Permanecer en Jesús me comprometía a pertenecer a algo, a ser fiel, a sentirme incómoda entre la gente y aun así tener la valentía de quedarme. Dios me decía que yo no necesitaba pertenecer sino prevalecer y no en el sentido de superioridad, sino en el sentido de perdurar.

Sin haberlo planeado, al pactar ese solo compromiso con Dios de permanecer en Su palabra estaba doblegando mi carne y así protegí mi corazón de muchos contratiempos que en situaciones pasadas hubieran carcomido mi alma.

Tener la mirada fija en Jesús te evitará dolores de cabeza que vienen de la comparación, la murmuración, el chisme, la procrastinación, la fornicación o los vicios del mundo. Aun cuando las olas de la muerte de su Maestro lo amenazaron y los vientos de vergüenza lo azotaron al negar a su Cristo tres veces, Jesús estuvo dispuesto a extenderle su mano otra vez. Seguro que Pedro nunca olvidó ese momento, ni en las posteriores persecuciones que sufrió a raíz de extender el evangelio de Jesús ni la falta de recursos de su ministerio.

Miqueas 7:7

Pero yo pondré mis ojos en el Señor, esperaré en el Dios de mi sal-
vación; mi Dios me oirá.

Al fijar nuestra mirada en Jesús estamos haciendo morir nuestra carne y nuestro propio entendimiento, soltando el control de
lo que no está en nuestras manos para permitirle a Él que actúe
y sea verdaderamente el Dios de nuestra salvación. Porque, ¿de
quién sería la Gloria si en nuestras propias fuerzas encontramos
bienestar y recompensa? El único digno de alabanza, el único que
es más fuerte que cualquier situación en nuestras vidas es Dios,
por eso fijamos nuestra mirada en el único que nos dará la recompensa por la que dio hasta su vida.

Hebreos 11:26

Considerando como mayores riquezas el oprobio de Cristo que los
tesoros de Egipto; porque tenía la mirada puesta en la recompensa.

A continuación, comparto cinco prácticas que te ayudarán a
fijar tu mirada en Jesús sea que ya tengas un propósito definido o
estés aún en la búsqueda.

1.   Servicio: mantén una disposición para servir en todo momento.

Colosenses 3:23

²³ Hagan lo que hagan, trabajen de buena gana, como para el Se-
ñor y no como para nadie en este mundo, ²⁴ conscientes de que el
Señor los recompensará con la herencia. Ustedes sirven a Cristo el
Señor.

2.   Evangelismo: eres portador de buenas noticias.

1 Pedro 2:9
⁹ Pero ustedes son descendencia escogida, sacerdocio regio, nación santa, pueblo que pertenece a Dios, para que proclamen las obras maravillosas de aquel que los llamó de las tinieblas a su luz admirable.

3.   Compañerismo: rodéate de personas que sumen a tu vida.

Proverbios 27:17
El hierro se afila con el hierro y el hombre en el trato con el hombre.

4.   Adoración: provocar su presencia en nuestra vida con una alabanza genuina.

2 Corintios 3:17
¹⁷ Ahora bien, el Señor es el Espíritu, y donde está el Espíritu del Señor, allí hay libertad.

5.   Discipulado: exponte a la palabra.

Juan 8:31-32
³¹ Jesús se dirigió entonces a los judíos que habían creído en él, y les dijo:

—Si se mantienen fieles a mis palabras, serán realmente mis discípulos; ³² y conocerán la verdad, y la verdad los hará libres.

El pasaje de Pedro caminando hacia Jesús en las aguas y siendo salvado posteriormente de su hundimiento, concluye de una forma sutil que esconde otra gran enseñanza. Y es que ambos entraron a la barca caminando de nuevo. Cuando Jesús te rescata es para que vuelvas a andar, es para que vuelvas a restaurar tu fe y entres en un lugar seguro. Cuando Jesús te rescata también rescata tu propósito para que lo retomes con incluso más autoridad que cuando lo dejaste por perdido, teniendo en cuenta lo que superaste como parte de un aprendizaje que suma. Cuando sientas que te hundes, mira a tu alrededor... estás en medio de lo que Dios está haciendo en tu vida.

Lo más hermoso de poner los ojos en Jesús es descubrir que ya Él los tenía puestos en ti desde el principio de los tiempos y así seguirá hasta el fin del mundo porque así lo prometió.

Perlitas de Sabiduría

Colosenses 3:1-2

Si habéis, pues, resucitado con Cristo, buscad las cosas de arriba, donde está Cristo sentado a la diestra de Dios. Poned la mira en las cosas de arriba, no en las de la tierra.

- Poner nuestra mirada en Dios nos va a traer la paz y el descanso que necesitamos para seguir caminando en el propósito que Él tiene para nuestras vidas.
- Que Su palabra sea nuestro filtro para saber si pensamientos o situaciones a nuestro alrededor están sumando a nuestra vida y al propósito por el cual Cristo nos alcanzó.
- No te paralices por lo que no sabes, sino camina a la luz de lo que sí sabes.

Chispa de acción

Identifica tres preocupaciones, pensamientos que te asedian de manera reiterada, que te quitan la paz de día y/o el sueño de noche. Escudriña en Proverbios tres palabras que el Espíritu Santo te revele para gestionar en victoria esas preocupaciones. Escríbelas y ponlas donde puedas verlas varias veces durante tu jornada. La idea es que la palabra nos sirva para mantenernos enfocados en Jesús y en su obra en nosotros y a través de nosotros.

Capítulo 4. No es eterno

Reflexionando sobre lo importante

En la pandemia, hacia el 2020, yo estaba en casa de mis padres en Santo Domingo. El mundo se había detenido. Y, encima de todo lo que implicaba el confinamiento, del que no abundaré porque todos sin excepción lo vivimos en primera persona, en la capital dominicana se registró uno de los fuegos más grandes de la historia en el vertedero más cercano a la ciudad. Una tragedia ambiental en medio de tanto miedo y encierro fue la alarma de muchos que nos convertimos de la noche a la mañana en seres más conscientes de que vivimos una vida prestada en un mundo que está pidiendo a gritos que seamos más cuidadosos con los recursos que nos provee.

Fue así como comencé a interesarme por el reciclaje y el composta-je, para ser más específicos. Compostar es manejar de manera responsable y controlada los residuos orgánicos de manera que se obtenga un producto llamado composta, ideal para utilizar como fertilizante y así lograr un ciclo más respetuoso de los recursos naturales y el medio ambiente en general. Es darle una segunda vida a nuestra basura natural.

Yo siempre he sido muy decidida con las cosas, así que cuando dije «voy a compostar» es porque me metí en eso de lleno. Mi mamá es amante de las plantas por lo que ya sabía que sería mi cliente ideal y daría buena utilidad a las latas y latas que comencé a almacenar en el cuarto de servicio de la casa, llenas de futuro abono para su jardín, y el de las áreas comunes del edificio, y el de su finca de bonsái, y así sucesivamente. Eran muchas latas.

El proceso de compostaje dura entre tres y cinco semanas, en las que hay que mover al menos una vez por semana la mezcla, para que los gases (y los gusanitos que van apareciendo) se extiendan de manera homogénea. Es un proceso de fermentación en el que hay descomposición de materia orgánica y por lo tanto, hay desprendimiento de gases que no son muy agradables. O sea, ¡huele fatal! Y una vez por semana había que someterse a eso.

Un día que estaba en esas labores, mi papá se asoma en al cuarto de servicio y casi muere por el mal olor. Su indignación aumentó cuando se dio cuenta que no tenía ni mascarilla ni guantes ni ninguna protección para soportar el hedor o la mugre. Entonces me hizo una pregunta que hasta hoy resuena en mí; «¿cómo puedes aguantar eso?» Mi respuesta me sorprendió hasta a mí misma. «Porque no es eterno», dije sin dudar.

Esa es una frase que me ha ayudado a sobrepasar muchos momentos difíciles desde aquella vez, incluyendo los repetitivos días de cuarentena que, ahora parecen distantes pero se nos hacían interminables. No es eterno.

Yo no estaba viendo esos treinta minutos de mal olor, yo veía la cara de felicidad de mi mamá por su abono de buenísima calidad al módico precio de cero pesos. Yo veía mi aporte intangible de las libras y libras que no llegarían al vertedero de la ciudad y causarían más fuegos por los gases liberados. Yo veía el tiempo ocupado en algo productivo entre las cuatro paredes de mi casa en lugar de quejarme por la situación global o preocuparme por un futuro incierto en el que no se vislumbraba ninguna esperanza. Yo veía más allá del mal olor. Y, como es de esperar, Pablo lo dijo mejor.

2 Corintios 4:17
[17] Porque esta leve tribulación momentánea produce en nosotros un cada vez más excelente y eterno peso de gloria; [18] no mirando noso-

tros las cosas que se ven, sino las que no se ven; pues las cosas que se
ven son temporales, pero las que no se ven son eternas.

Dios puso en el corazón del hombre el concepto de eternidad, pero no para que la buscásemos o la entendiéramos, sino para que anhelemos lo eterno, para que lo anhelemos a Él. Vamos por la vida necesitando cremas para rejuvenecer y buscamos en la medicina cualquier invento o tecnología que pueda extender nuestro paso por esta tierra, sin saber que no somos de este mundo. Aquí sólo estamos de paso. Pertenecemos a lo eterno. Por lo urgente no debemos perder de vista lo importante y lo importante es la aprobación del Padre, esa recompensa que obtendremos al mantenernos firmes en la fe de que un día nos encontraremos con Él. Esos asuntos temporales y pasajeros deben perder peso en nuestra mente y corazón, no siendo así muchas veces pues son justo lo que se convierte en tropiezo y nos traen más ansiedad y angustia.

Por otro lado, aunque parezca paradójico, así como las dificultades no son eternas tampoco va a serlo ningún logro que obtengamos aquí en la tierra. Así que atesorar los momentos buenos para añorarlos cuando estemos en las dificultades tampoco sería lo indicado. Para Dios lo mejor siempre se encontrará en el porvenir.

Jeremías 29:11
11 Pues yo sé los planes que tengo para ustedes—dice el Señor—.
Son planes para lo bueno y no para lo malo, para darles un futuro
y una esperanza.

Los planes de Dios hablan de futuro y de una esperanza que radica en que con cada dificultad que superamos o con cada logro que añadimos a nuestra historia se suma una medida de gloria que no poseíamos antes y ahí radica lo importante.

Perlitas de Sabiduría

Filipenses 4:4-7

4 Regocijaos en el Señor siempre. Otra vez digo: ¡Regocijaos! 5 Vuestra gentileza sea conocida de todos los hombres. El Señor está cerca. 6 Por nada estéis afanosos, sino sean conocidas vuestras peticiones delante de Dios en toda oración y ruego, con acción de gracias. 7 Y la paz de Dios, que sobrepasa todo entendimiento, guardará vuestros corazones y vuestros pensamientos en Cristo Jesús.

- Nuestro gozo depende de Dios y no de las circunstancias que vemos a nuestro alrededor con ojos naturales.
- El estar alegres se va a reflejar en nuestro trato a los demás.
- Afanarse es preocuparse en exceso. Dios no quiere que nos preocupemos por NADA.
- Acudir a Dios siempre es la mejor actitud que podemos ejercitar al sentirnos afanosos porque recibiremos una paz que no entenderemos.

Chispa de acción

Dedica unos minutos para meditar en lo que nos revela Salomón en Eclesiastés 3:1-15. Pide a Dios entendimiento de sus tiempos y recibe paz sea cual sea la temporada en la que te encuentres. Recuerda: no es eterna!

Capítulo 5. Y ahora, un poema

Yo sé
Yo sé.
Yo sé lo que es querer buscar fuera,
lo que no tengo el coraje de encontrar dentro.
Yo sé.
Yo sé lo que es no saber reconocer el amor,
ni siquiera tendiendo como carnada al corazón.
Créeme que sé,
lo que duele levantarse sin una razón.

Entonces te conocí y algo en mí cambió.
Dejé de saber lo que sabía,
y a la vez nunca estuve tan segura de dónde ya no pertenecía.
¡Me envolvió Tu amor!

Ahora es diferente.
Yo sé que sé.
Que me amaste primero.
Yo sé que sé.
Que Tú eres mi anhelo.

Que mi única rutina sea la gratitud
Y cuando el pasado quiera atormentarme
En este mar de incertidumbre
Tu luz en mí será lo único estable
Como faro en la oscuridad de la noche
Tu voz me guía y es el bálsamo que sana mis heridas.

PARTE II
LO QUE NO TE DICEN
DE SER CRISTIAN@

Si lo que estás viendo no se parece a lo que Dios te ha prometido significa que aún hay más en lo que Él se va a glorificar en tu vida.

Capítulo 6. Amar al prójimo: más difícil que amar al enemigo

Desentrañando los desafíos y recompensas de amar a quienes nos rodean

Hay un cambio que tenemos que reflejar tan pronto hemos aceptado a Jesús en nuestro corazón verdaderamente. Esto es el amor. Pasa de manera indistinta si queremos o no, si realmente hemos conocido a Jesús y hemos permitido que gobierne en nuestros corazones y guíe nuestras acciones, entonces Él nos hace nuevas criaturas.

Cuando nacemos de nuevo nuestro espíritu comienza a comunicarse directamente con el Espíritu de Dios a través del Espíritu Santo que vive ahora en nosotros. Y el fruto de esta comunión con el Padre es el amor.

Gálatas 5:22-23

²² Mas el fruto del Espíritu es amor, gozo, paz, paciencia, benignidad, bondad, fe, ²³ mansedumbre, templanza; contra tales cosas no hay ley.

Jesús va incluso más allá cuando dice en Juan 13:34-35 que nos deja un mandamiento nuevo que es amarnos unos a otros y así nos reconocerán como sus discípulos: por el amor. No es poca cosa el amor si aún más de dos mil años después esta palabra sigue siendo un reto vivirla.

Con mi familia pasa algo particular y es que nos reconocen por la sonrisa. No importa si estamos juntos o separados hasta en continentes diferentes, todo aquel que conoce a alguno de mi familia me termina diciendo lo mismo: tiene tu misma sonrisa… y esto, créanlo o no, me llena siempre de una estima inexplicable porque me hace ser parte de algo, pertenecer a ese grupo de humanos que Dios dispuso para que fuera mi familia, mi núcleo. Asimismo pasa entonces con nuestra familia espiritual, sólo que no nos delatará la sonrisa, sino el amor.

Dios necesita que seamos un reflejo de su amor con el prójimo aquí en la tierra y no bien termino esta frase cuando ya hemos encontrado un problema: el prójimo! Por eso Dios también nos hace nuevos y de hecho nos dice que nos vistamos con la armadura del Espíritu Santo (Efesios 6:10:18), Y ¿para qué Dios nos pide que nos vistamos con una armadura para amar? Aunque parece ilógico debemos recordar que Dios obra con propósito siempre… Pablo nos dice en Efesios que esa armadura nos servirá para luchar contra las artimañas del diablo porque nuestra lucha no será contra los seres humanos. No hay nada debajo del sol que no tenga un propósito en el plan de Dios.

Proverbios 27:17
Hierro con hierro se aguza;
Y así el hombre aguza el rostro de su amigo.

Si buscamos la palabra aguzar en el diccionario encontramos que significa hacer que una cosa tenga punta, por lo que los sinónimos más utilizados serían: afilar, sacar punta, estimular, avivar, entre otros. Dios nos usa para afilarnos, sacarnos punta, estimularnos, avivarnos unos con otros. Es así, esa fue su disposición para el ser humano desde su creación. A veces es genial porque congeniamos con las personas y nos dicen palabras que nos animan, pero otras veces es un reto porque no nos valoran o nos enrostran algo de nosotros mismos que deberíamos cambiar o no nos sentimos orgullosos, algo que queremos esconder.

Así como Dios da la prueba también da la solución. ¡La respuesta siempre es el amor! A la hora de declarar, a la hora de orar, a la hora de servir, a la hora de perdonar y a la hora de bendecir, lo más importante es el amor.

1 Corintios 13: 1-3

Si yo hablase lenguas humanas y angélicas, y no tengo amor, vengo a ser como metal que resuena, o címbalo que retiñe. ² Y si tuviese profecía, y entendiese todos los misterios y toda ciencia, y si tuviese toda la fe, de tal manera que trasladase los montes, y no tengo amor, nada soy. ³ Y si repartiese todos mis bienes para dar de comer a los pobres, y si entregase mi cuerpo para ser quemado, y no tengo amor, de nada me sirve.

Y con el amor Dios nos ha regalado algo maravilloso, el perdón y la reconciliación, dos de las herramientas fundamentales que nos da el amor.

Pero cómo podemos amar al prójimo de manera simple y práctica en nuestros tiempos, sobre todo a esos que son difíciles, a esos que no cooperan. Porque hay que admitir que es fácil amar a una persona que no conoces, a una persona que está a mil kilómetros de ti y no te afecta en nada en tu día a día. Por eso es que muchos nos sentimos atraídos a donar ropa, medicamentos, dinero y demás a los misioneros en África, en Asia, lo cual no desestimo para nada, pero no somos capaces de saludar o hablarle de Cristo a nuestro compañero de trabajo lisonjero que tiene al jefe en un bolsillo pero no es para nada responsable con sus asignaciones. El amor como un principio es fundamental pero también tiene que ser coherente e integral, por lo que debe verse igual en todas las áreas de nuestra vida.

Lo que queremos ver en los otros tenemos que comenzar a incentivarlo desde nosotros y ponerlo de moda. Como dice Maxwell, J. (2010): "No puedes ser instrumento del cambio si no experimentas ese cambio en ti".

Aquí ofrezco algunas pautas para llevar a cabo este amor simple y práctico en la vida cotidiana:

1. **Escuchar de manera activa y, si lo amerita, con una sonrisa:** Una forma efectiva de mostrar amor es prestar atención a las personas que te rodean. Escuchar sus preocupaciones, alegrías y desafíos demuestra que te importa lo que sienten y piensan.

2. **Hablar palabras de paz:** es un concepto poderoso y significativo que implica comunicarse de una manera que promueva la armonía, la reconciliación y el entendimiento en las interacciones humanas. Esto no se trata simplemente de evitar el conflicto o mantener silencio, sino de utilizar el lenguaje de manera consciente y deliberada para fomentar un ambiente de tranquilidad y respeto.

3. **Practicar la paciencia:** Trata de entender los sentimientos y perspectivas de los demás. Ponerte en su lugar te ayudará a accionar con mayor empatía, de manera comprensiva y solidaria.

4. **Ser amable y cortés:** La amabilidad es una expresión simple pero poderosa del amor. Pequeños gestos como un saludo cordial, una sonrisa o un acto de cortesía pueden hacer una gran diferencia en la vida de las personas.

5. **Ser generoso:** Compartir lo que tienes, ya sea tiempo, recursos o habilidades, es una forma efectiva de mostrar amor al prójimo.

6. **Ofrecer ayuda:** Si ves a alguien que necesita asistencia, no dudes en ofrecer tu ayuda. Puede ser algo tan simple como

sostener una puerta, ayudar con una carga pesada o brindar apoyo emocional. La mayoría de las veces para ofrecer nuestra ayuda necesitamos un poco más de fe que de cualquier otro recurso del que dispongamos, pues la ofrecemos creyendo que de verdad podemos contribuir con un cambio de situación para la persona a la que ayudamos.

7. **Mostrar gratitud:** Reconocer y agradecer a las personas por sus acciones fomenta la positividad en las relaciones e incluso causará que sean más propensas a repetir estas acciones más veces de lo que habían planeado.

8. **Evitar el juicio:** Evitar juzgar a los demás es esencial. Cada persona tiene su propia historia y lucha, y no siempre conocemos todas las circunstancias. En lugar de juzgar, tratemos de comprender.

En tiempos modernos, donde a menudo estamos ocupados y distraídos, practicar el amor de manera simple y práctica puede tener un impacto significativo en la vida de las personas y, sobre todo, en nosotros mismos. Cada pequeño acto de amor puede contribuir a la construcción de comunidades más compasivas y solidarias, creando un mundo mejor para todos. No es fácil, pero tenemos de nuestro lado al que todo lo puede. Y, sin darnos cuenta, al practicar el amor de estas ocho maneras estaremos también cosechando en nuestras vidas el fruto del Espíritu Santo.

Perlitas de Sabiduría

1 Corintios 13:4-8

[4] El amor es sufrido, es benigno; el amor no tiene envidia, el amor no es jactancioso, no se envanece; [5] no hace nada indebido, no busca lo suyo, no se irrita, no guarda rencor; [6] no se goza de la injusticia, más se goza de la verdad. [7] Todo lo sufre, todo lo cree, todo lo espera, todo lo soporta. [8] El amor nunca deja de ser; pero las profecías se acabarán, y cesarán las lenguas, y la ciencia acabará.

- Amor implica sacrificio.
- Cuando actuamos con amor no hay en nosotros sentimientos contrarios al amor como son la envidia, la injusticia, el rencor y la vanidad.
- El amor es lo único sobre esta tierra y todo lo creado que permanecerá y esto es porque Dios en sí mismo es amor y Él nunca pasará.

Chispa de acción

Menciona 5 personas a tu alrededor que para ti sean difíciles de amar y dispón un servicio para hacer por ellas durante una semana. Puede ser ayudarle a un problema, limpiar una parte de su casa o apoyarlo a pasear a su mascota. Y recuerda: la clave es la actitud de tu corazón al hacerlo. Luego reflexiona sobre tus acciones amando al prójimo.

Capítulo 7. La adversidad
expone tu corazón

Enfrentando pruebas para conocer nuestra verdadera naturaleza y fortalecer nuestra fe

Siempre escucho decir que lo más importante para Dios son las personas. Pero ¿qué exactamente de las personas es lo más importante para Dios? La palabra nos dice que no son las obras, ni los dones, ni siquiera los milagros que en su nombre podamos hacer, lo más importante es el alma, un alma más para su reino, y nuestra alma está ligada a nuestro corazón.

En proverbios 4:23 Dios nos dice "Sobre toda cosa guardada guarda tu corazón porque de él mana la vida". Mientras que en Jeremías 17:9-10 dice "Engañoso es el corazón más que todas las cosas, y perverso; ¿quién lo conocerá? Yo Jehová, que escudriño la mente, que pruebo el corazón, para dar a cada uno según su camino, según el fruto de sus obras". Por mucho tiempo pensé que estos dos pasajes de la Biblia se contradecían hasta que encontré este otro: 1 Samuel 16:7 "Pero el Señor le dijo a Samuel: —No te dejes impresionar por su apariencia ni por su estatura, pues yo lo he rechazado. La gente se fija en las apariencias, pero yo me fijo en el corazón". Dios se fija en nuestros corazones porque ahí no hay apariencias.

En la Biblia se hace una analogía entre el alma y el corazón, y es que el corazón es lo que nos diferencia de los otros seres vivos sobre la tierra. Allí es que albergamos sentimientos y emociones (Proverbios 3:3-4, Proverbios 17:22, Eclesiastés 11:10), deseos (Salmo 37:4), convicciones y principios (Salmo 119:11, Proverbios 3:1-2). Cuando Dios nos dice que Él escudriña nuestro corazón es porque Él sabe que ahí se guarda la esencia de sus hijos y ese diseño original que Él hizo en nosotros a pesar de que la sociedad y las experiencias se encarguen de hacernos olvidar.

Una de mis preguntas frecuentes mientras iba avanzando en mi fe era ¿por qué era tan difícil para mí entender que la adversidad, los desiertos, formaban parte del proceso que Dios utilizaba para sanar mi corazón? Era muy difícil para mí asociar las dificultades con un Dios que nos ama.

Proverbios 24:10
Si fallas bajo presión, tu fuerza es escasa.

Todos pasamos por adversidades, y como cristianos sabemos que pasaremos porque Jesús lo dejó claro, pasaremos por momentos de aflicción pero Él nos dijo que Él los ha vencido entonces la victoria ya la tenemos asegurada, pero… una cosa es saberlo y otra cosa es que nuestro corazón, ahí donde están nuestras emociones, lo crea verdaderamente. Vuelvo a poner este versículo porque es que es muy bueno...

2 Corintios 4:17-18
Porque esta LEVE tribulación MOMENTANEA produce en nosotros un cada vez más EXCELENTE y ETERNO peso de gloria,
No mirando nosotros las cosas que se ven, sino las que no se ven,
pues las cosas que se ven son temporales, pero las que no se ven
son eternas.

Es que Dios nos está diciendo que cada tribulación en nuestra vida tiene un propósito entonces, porque ese peso de gloria, no se produce con otra cosa sino a través de esa LEVE y MOMENTÁNEA tribulación, esa leve y momentánea adversidad.

Para los que amamos a Dios TODO, y TODO es TODO… OBRA PARA BIEN.

Eclesiastés 7:14
Disfruta de la prosperidad mientras puedas, pero cuando lleguen los tiempos difíciles, reconoce que ambas cosas provienen de Dios. Recuerda que nada es seguro en esta vida.

PROPÓSITOS DE LA ADVERSIDAD:

1 Pedro 5:10
Mas el Dios de toda gracia, que nos llamó a su gloria eterna en Jesucristo, después que hayáis padecido un poco de tiempo, él mismo os perfeccione, afirme, fortalezca y establezca.

PERFECCIONA

Acerca nuestro carácter al carácter de Cristo.

- Qué decimos: De lo que abunda el corazón habla la boca.
- Qué hacemos: obediencia, lealtad, honra.
- Qué priorizamos: Lo de Dios o lo del mundo.

AFIRMA

Nos viste con la armadura de Dios para estar firmes ante las acechanzas del diablo. Porque nuestra lucha no es contra sangre ni carne como dice en Efesios 6:10-18.

- Firmes en la verdad que Dios ha declarado en nuestras vidas, que somos pueblo escogido, perdonado, que vive en abundancia.
- Vestidos con la coraza de la justicia, haciendo lo justo en todo tiempo.
- Calzados con la disposición de esparcir el evangelio, de ser ejemplo hasta en nuestro peor momento.
- Defendidos con el escudo de la fe, esa convicción de saber! En la adversidad es necesario decir: "Yo sé que sé que Dios está conmigo, yo sé que sé que Dios tiene el control, no importa lo que mis ojos estén viendo, ¡yo sé que sé!"
- Y con la espada de doble filo que es la Palabra de Dios que al mismo tiempo que nos defiende de los ataques que recibimos, no regresa vacía y por lo tanto también sirve para sembrar una semillita del amor de Dios.

FORTALECE

Podrán desfallecer mi cuerpo y mi espíritu, pero Dios fortalece mi corazón; Él es mi herencia eterna. Salmos 73:26

- En la Reina Valera dice Mas la roca de mi corazón y mi porción es Dios para siempre.
- En la palabra hay muchas promesas que nos fortalecen. Dios constantemente a través de Su palabra nos promete estar con nosotros.

- Ahora, así dice Jehová, Creador tuyo, oh Jacob, y Formador tuyo, oh Israel: No temas, porque yo te redimí; te puse nombre, mío eres tú. Isaías 43:1

ESTABLECE

Nos establece como su pueblo. Nos da la autoridad de ser embajadores de Su gloria en este mundo caído, en nuestra familia, en nuestros trabajos y responsabilidades diarias, en medio de nuestros amigos, en nuestra iglesia, en donde quiera que pongamos nuestros pies llega la bendición, porque nuestro corazón está fortalecido en la roca, porque nuestra mente está afirmada en la palabra y nuestro carácter está perfeccionado en Cristo.

1 Pedro 2:9
*Mas vosotros sois **linaje escogido**, real sacerdocio, nación santa, pueblo adquirido por Dios, para que anuncies las virtudes de aquel que os llamó de las tinieblas a su luz admirable.*

TODA PROMESA DE DIOS EN NUESTRAS VIDAS SE CUMPLIRÁ A PESAR DE LA ADVERSIDAD Y A PESAR DE NOSOTROS MISMOS, PORQUE DIOS ES EL ALFA Y EL OMEGA, EL PRINCIPIO Y EL FINAL, DIOS NO TIENE LA ÚLTIMA PALABRA EN NUESTRAS VIDAS, DIOS TIENE LA ÚNICA PALABRA EN NUESTRAS VIDAS!

Perlitas de Sabiduría

Romanos 4:18-21

*Él creyó en **esperanza contra esperanza**, para llegar a ser padre de muchas gentes, conforme a lo que se le había dicho: Así será tu descendencia. 19 Y no se debilitó en la fe al considerar su cuerpo, que estaba ya como muerto (siendo de casi cien años), o la esterilidad de la matriz de Sara. 20 Tampoco dudó, por incredulidad, de la promesa de Dios, sino que se fortaleció en fe, dando gloria a Dios, 21 plenamente convencido de que era también poderoso para hacer todo lo que había prometido.*

- Creer en las promesas de Dios es caminar en fe de gloria en gloria, no se vale estar en un sube y baja de emociones porque esto nos hace caer en la duda que es enemiga de la promesa.
- Creer es también el inicio del camino para ver nuestra promesa hecha realidad.
- No avanzamos si confiamos en lo que vemos con nuestros ojos naturales. Mucho de lo que Dios hará en nuestras vidas se materializará por quien es Él y lo que nos ha prometido.

Chispa de acción

Estudia el libro de Job. Extrae las actitudes del corazón de Job ante la adversidad y resalta tres versículos que te ayuden a pasar por tus propias situaciones difíciles.

Capítulo 8. Satanás no siempre es el malo... Entérate!

Una perspectiva diferente sobre las fuerzas espirituales y la voluntad del ser humano.

A lo largo de este camino he escuchado muchos argumentos de fuera de la iglesia y de los mismos cristianos. Los que más me llaman la atención son los que giran en torno al concepto que tenemos del bien y el mal. Hay personas que se pasan la vida en una nube de algodón constante tratando de negar la existencia del mal mientras que otras se empeñan en defender que todo lo malo les pasa a ellas.

El ser humano siempre busca clasificarlo todo y así poder encontrarle sentido a los eventos que le suceden. Es por esto que las historias que más nos cautivan, ya sea en una pantalla o en las páginas de un libro, son aquellas donde la trama es protagonizada por un héroe de sombrero blanco e infalible que lucha contra un villano malo malísimo. El desenlace nos traerá mucha más satisfacción si el héroe domina sobre el villano, aunque muchas veces la historia puede tomar un rumbo contrario. Sin embargo, en su mayoría las historias que calan más en el gusto del espectador terminan con un protagonista vencedor. Como pasa en las películas así queremos que pase en nuestras vidas también y, por lo tanto, adjudicamos características de malo malísimo a un enemigo común.

Dentro de la iglesia, como si se tratara de una película de superhéroes, tenemos bien identificado quién es nuestro enemigo: el diablo, Satanás, el mismo que Jesús advirtió que solo venía a hurtar, matar y destruir (Juan 10:10).

Conocemos la historia de Job a quien Dios permitió que el diablo zarandeara, por lo que podemos deducir entonces que hasta él tiene que rendirle cuentas a Dios de todo lo que hace. Y como nada se escapa del dominio y el conocimiento de Dios, esto también implica que el plan perfecto de Dios también incluye a Satanás. El diablo tiene una función en el plan de Dios. Su papel puede ser despreciable pero muy necesario, porque sin su existencia el ser humano no tuviera la opción de elegir, el poder de decisión de amar a Dios libremente.

Juan 3:16

16 Porque de tal manera amó Dios al mundo, que ha dado a su Hijo unigénito, para que todo aquel que en él cree, no se pierda, más tenga vida eterna.

El malo de la película

Lo cierto es que si de nosotros es la elección, el malo no es el diablo, somos nosotros mismos en nuestra rebeldía y/o ignorancia que operamos según la concupiscencia de nuestra carne y no por el espíritu que es la parte del ser humano que entra en conexión con el Espíritu Santo de Dios. La concupiscencia de nuestra carne responde al deseo, al apetito de nuestro cuerpo, a los placeres del mundo.

Colosenses 3:5

Haced morir, pues, lo terrenal en vosotros: fornicación, impureza, pasiones desordenadas, malos deseos y avaricia, que es idolatría.

1 Juan 2:17

Y el mundo pasa, y sus deseos; pero el que <u>hace</u> la voluntad de Dios permanece para siempre.

En ambos versículos el verbo que está resaltado indica que hay algo que el ser humano HACE, no Dios, no el diablo… Yo, yo decido hacer (hago) morir en mí lo terrenal y yo decido hacer (hago) la voluntad de Dios.

No es pecado el ser tentado por el mal. Ahí el diablo sólo está haciendo su trabajo. Jesús fue tentado (Mateo 4:1). El pecado comienza cuando ese deseo carnal nos arrastra de donde nuestros corazones necesitan estar. Y es ahí, cuando esa hambre insaciable se presenta, que tenemos la elección. Podemos rechazarlo como lo hizo Jesús, y centrarnos nuevamente en el camino que Dios ha puesto delante nuestro (Mateo 4:10) o sucumbir ante el deseo y alejarnos del plan de Dios para nuestra vida, sabiendo que cada elección tendrá sus consecuencias inmediatas o a destiempo pero también eternas.

1 Corintios 10:13

No os ha sobrevenido ninguna tentación que no sea humana; pero fiel es Dios, que no os dejará ser tentados más de lo que podéis resistir, sino que dará también juntamente con la tentación la salida, para que podáis soportar.

La carne es más mala que el diablo y por eso cuando aceptamos a Cristo en nuestro corazón debemos de estar conscientes que a partir de ahí nuestra primera lucha será contra nuestra propia carne para someterla a la voluntad del Padre, que es buena, agradable y perfecta.

Romanos 12:2

No imiten las conductas ni las costumbres de este mundo, más bien dejen que Dios los transforme en personas nuevas al cambiarles la manera de pensar. Entonces aprenderán a conocer la voluntad de Dios para ustedes, la cual es buena, agradable y perfecta.

Gálatas 5:16-24

[16] Digo, pues: Andad en el Espíritu, y no satisfagáis los deseos de la carne. [17] Porque el deseo de la carne es contra el Espíritu, y el del Espíritu es contra la carne; y estos se oponen entre sí, para que no hagáis lo que quisiereis. [18] Pero si sois guiados por el Espíritu, no estáis bajo la ley. [19] Y manifiestas son las obras de la carne, que son: adulterio, fornicación, inmundicia, lascivia, [20] idolatría, hechicerías, enemistades, pleitos, celos, iras, contiendas, disensiones, herejías, [21] envidias, homicidios, borracheras, orgías, y cosas semejantes a estas; acerca de las cuales os amonesto, como ya os lo he dicho antes, que los que practican tales cosas no heredarán el reino de Dios. [22] Mas el fruto del Espíritu es amor, gozo, paz, paciencia, benignidad, bondad, fe, [23] mansedumbre, templanza; contra tales cosas no hay ley. [24] Pero los que son de Cristo han crucificado la carne con sus pasiones y deseos.

- Los impulsos y deseos naturales del ser humano pueden llevar a acciones que van en contra de los principios de amor, bondad y rectitud que Dios desea para sus hijos.
- La carne es contraria al espíritu, por eso la carne se disciplina para que el espíritu sea lo que prevalezca en cada una de las decisiones que tomamos en la vida.
- Aunque algunas obras de la carne se pueden interpretar como menores, lo cierto es que ante Dios representan la misma falta de carácter pues al mantenernos débil en esa área damos cabida al enemigo en nuestros pensamientos y acciones.
- Cuando andamos en el espíritu los frutos deben verse y palparse como si se tratara de un árbol. Crucificar la carne es una decisión diaria en la vida del cristiano.

Chispa de acción

Identifica un área de tu vida (personal, sentimental, profesional, familiar, social) en la que sientas que el enemigo ha ganado terreno sobre tu vida y tus hábitos. Como hija/o de Dios puedes reclamar ese territorio porque ya Dios te ha dado la victoria, sin embargo, el poder de decisión siempre será tuyo. Escribe acciones concretas para luchar contra los deseos de tu carne y así permanecer más fortalecido ante el enemigo en esa área.

Capítulo 9. Se trata de ser parte

Comprendiendo nuestro papel en Su plan perfecto

Un día hablaba con una amiga muy querida sobre el propósito de Dios en nuestras vidas y cómo muchas veces sentimos que, aunque hayamos recibido una promesa no vemos resultados o hasta dudamos de haber seguido el camino correcto. Ella me preguntó a quemarropa "de qué se trata entonces, cuál es el propósito de Dios". La pregunta me sacó el aire, porque es una de esas que me hago constantemente y muchas veces tengo la fe suficiente para confiar, pero otras tantas tengo que admitir que no. No quería darle una respuesta o hacer un comentario que pudiera ser piedra de tropiezo y provocar en ella una duda que hiciera flaquear su fe.

En ese momento un recuerdo inundó mi mente y lo compartí con mi amiga. Recordé a mi sobrinita, que ya es grande, pero para mí siempre va a ser mi sobrinita pequeñita, Camila. Muchas tardes me tocaba cuidarla mientras sus padres trabajaban. En esas tardes no teníamos tiempo de aburrirnos. Ella corría, saltaba, cantaba, pintaba y recuerdo que hacía unas imitaciones buenísimas. Claro que no todo era fácil y bonito porque por otra parte ahora reconozco que fui puliendo con ella mi paciencia. No se crean, era tremenda. Una de las cosas que disfrutaba hacer era perseguir a todo el que entraba en la cocina. Luego descubrimos que le encantaba cocinar y hasta en concursos de cocina llegó a participar. Pero a sus seis o siete años éramos muy cuidadosos con dejarle cuchillos o tijeras de cocina en las manos, como a cualquier niño de esa edad, por el miedo a que se hiciera daño.

Un día, en el que había acabado la tarea temprano, entramos en la cocina y le dije que haríamos un brownie juntas. Se le iluminó la cara de una manera increíble. Sacamos los utensilios y le repetí muchas veces que tenía que escucharme atentamente para que no se fuera a hacer daño. Fue impresionante ver su concentración y el empeño que ponía. Buscamos los ingredientes e incluso variamos alguno porque no teníamos ese es particular guardado en la cocina. Busqué un banquito para que quedara a la altura de la meseta y nos pusimos manos a la obra. Mezclamos ingredientes, nos reímos, nos contamos historias y finalmente, cuando teníamos la mezcla hecha, la pusimos en un envase para el horno y esperamos. La cocina quedó patas arriba, había mezcla de chocolate y rastros de harina o azúcar hasta en las puertas de los gabinetes y dentro de las gavetas. En lo que esperábamos le dije que nos pusiéramos a limpiar, y esta parte, como se podrán imaginar, no le gustó para nada. Ella quería quedarse sentada en el banquito frente al cristal del horno encendido esperando que estuviera listo el brownie en el que tanto habíamos trabajado. Estaba claramente ansiosa por probarlo.

Yo comencé a limpiar y, cuando el tiempo se le fue alargando más sentada en el banquito, logré convencerla unos minutos después de que me ayudara a limpiar. Limpiamos muy bien toda la cocina, algunas veces se quejaba, pero tengo que reconocer que fue mucho más obediente de lo que yo hubiera imaginado. Al terminar de limpiar, se había acabado el tiempo del horno. Lo revisamos con la milenaria técnica de introducir un palillo justo en el medio y si salía sin resto de mezcla era que estaba listo. Al sacar el palillo limpio nuestras cómplices miradas se encontraron. Nuestro brownie ya estaba listo. Lo sacamos, pero tuvimos que esperar un rato más para que se enfriara antes de probarlo. Nos servimos dos pedazos bastante decentes con la promesa evidente de que podíamos repetir y nos sentamos en la mesa. Triunfantes! Pletóricas! Lo habíamos conseguido!

Quizás lo hubiera podido hacer yo sola mientras ella terminaba su tarea, seguro hubiera estado más rápido y con menos desastre para limpiar. Pero aquel momento juntas había sido nuestro y no lo cambio por nada porque hasta el sol de hoy es uno de los recuerdos más lindo que atesoro de mi sobrinita.

Dios lo puede hacer sin ti, pero Él quiere que seas parte. El creador de los cielos y de la tierra, de todo lo visible y lo invisible, el Dios de lo imposible, ese mismo que te rescató del lodo cenagoso en el que estabas: de envidia, rencor, autosuficiencia agotadora, perfección asfixiante, dolor, depresión, ese al que le dices Padre y corres a sus brazos cuando estás cansada, es el mismo que te dice "Ven hija, hagamos un brownie juntos". Y no importa que en el camino cometas errores, derrames la azúcar o dejes caer los utensilios. No importa tu impaciencia de no saber esperar el tiempo de preparación o no estar atenta a sus instrucciones. Ese tiempo juntos, las risas en el proceso, la intimidad de construir algo tiene más valor que cualquier resultado.

En el caso del brownie de Camila y mío el resultado fue bueno y nos repetimos. Pero, créeme cuando te digo, que si hubiera salido mal mi satisfacción no hubiera sido menos porque mi agrado estaba en haberla acompañado, en haber compartido ese tiempo de calidad con ella y en ver su cara preguntándome cada cosa y viendo atentamente cómo hacía cada paso para querer imitarme.

Efesios 3:20

20 Y a Aquel que es poderoso para hacer todas las cosas mucho más abundantemente de lo que pedimos o entendemos, según el poder que actúa en nosotros, 21 a él sea gloria en la iglesia en Cristo Jesús por todas las edades, por los siglos de los siglos. Amén.

No es por nosotros, es por el poder del Espíritu Santo que habita en nosotros. Dios quiere que seas parte, porque hay un poder depositado en ti para que actúes conforme a sí y entonces lo imposible se materializa, cuando decides hacer lo posible. Esta es la voluntad de Dios buena, agradable y perfecta en nuestras vidas. ¡Suya es la Gloria, nuestra es la decisión!

Deus es machina

En cinematografía el concepto de *Deus es Machina* alude a un elemento externo a los personajes y a la historia que resuelve la trama sin que haya sido introducido a lo largo de la estructura del guión. Es una solución incoherente y que cualquier espectador podría interpretarlo como un fallo o engaño. Es por esto que es uno de los errores que primero se tratan de corregir en los novatos que se aventuran en el desarrollo de proyectos audiovisuales. No es lo mismo que hagas una peli enrevesada que el protagonista tenga que hacer casi lo imposible para poder salvar el día, a que venga un alienígena en una peli de policías y mate al malo que nunca supimos que era el malo.

Así mismo pasa en la vida. Dios ama su creación y respeta el libre albedrío con el que nos creó. Pero Dios no contiende con la voluntad del ser humano. Queda claro que Él no bajará en un carro de fuego y hará que te levantes cada mañana para ir al trabajo o te moverá los brazos mientras haces cada una de las repeticiones en el gimnasio. Pero tampoco se hará presente en los conflictos con un familiar cuando claramente es a ti que te hace falta perdonar o tener más empatía. Dios necesita que seas parte de la solución. Para eso te ha formado y capacitado durante toda tu vida, incluso mucho antes de que decidieras seguir sus pasos, ya Él te había pensado para ser parte de Su plan.

2 Timoteo 1:7

[7] Porque no nos ha dado Dios espíritu de cobardía, sino de poder, de amor y de dominio propio.

Cuando decidimos actuar de acuerdo al Espíritu Santo que habita en nosotros somos capaces de grandes cosas tanto dentro como fuera de nosotros.

Perlitas de Sabiduría

Juan 14:12-13

12 De cierto, de cierto os digo: El que en mí cree, las obras que yo hago, él las hará también; y aún mayores hará, porque yo voy al Padre. 13 Y todo lo que pidiereis al Padre en mi nombre, lo haré, para que el Padre sea glorificado en el Hijo.

- Creer en Jesús y lo que Él hace en mi vida cada día es vital para poder ser parte de la transformación que quiere seguir haciendo en mí.
- La oración abre los cielos a mi favor y me conecta con el deseo del Padre de complacer cada uno de mis deseos según Su voluntad y Su propósito para mi vida.
- Al reconocer la obra de Jesús en mí y a través de mí, glorifico a Dios.
- Cuando comparto mis planes con Dios, Él también me hace parte del Suyo.

Chispa de acción

Medita en los escenarios de tu día a día donde Dios te está pidiendo que seas parte. En tu familia, en tu trabajo, con tus amigos o hasta en el transporte público Dios te ha llamado a ser luz y sal, Dios necesita que hagas tu parte.

Capítulo 10. Y ahora, un cuento...

Estás estirada con las manos dentro de tu bolso en la esquina de una cama. Pelas una mandarina en el suelo de una habitación que parece de hotel. No lo piensas, pero esa imagen te hace soltar una risita que ha salido no se sabe bien de dónde. Ahora puedes ver unos pies acercarse a la puerta que se cierra tras ellos, sin despedirse. Una voz a tus espaldas intenta atraer tu atención.

—Acabamos de hacer lo que hicimos y ¿estás pelando una mandarina? Ven a la cama. —dice la voz mientras escuchas cómo se acomoda entre las sábanas.

Te levantas y te vas a la ventana como queriendo acentuar tu autonomía. El dueño de la voz te pasa un cigarrillo y te dejas envolver por la brisa fresca de la madrugada. En tu piel desnuda sientes una sensación que se viste de libertad cuando los colores del alba comienzan a asomar. Pero en un momento de lucidez recuerdas que debes ir a trabajar. Así que mediando unas pocas palabras, te vistes y te vas.

Al llegar a casa te apresuras antes de que tus padres se despierten para evitar preguntas incómodas. Tu día transcurre como un recorrido agradable en patineta y con cada estupidez de tus compañeros de trabajo tratas de recordar la brisa que sentiste en la cara a las cinco de la mañana para que no se convierta en una piedrita en tu camino.

De nuevo en casa, exhausta por más de veintidós horas de actividad ininterrumpida, descubres el baño sucio. Un estallido de ira te sacude, pero te contienes porque eres buena y la gente buena no explota. Decides tomar cartas en el asunto y limpias el baño como si fueras un agente secreto con una misión. Limpiaste, te bañaste y te acostaste antes de que la humedad en el espejo se secara.

Y lloras.

Qué está pasando en mi vida que un baño sucio me detona. Qué está pasando en mi vida que una metida de pata al inicio de mi jornada me anestesia para resistir la realidad. Qué está pasando en mi vida que al final me siento tan desconectada y vacía... Qué está pasando en mi vida que...

Sacas un trozo de papel de la mesita de noche y escribes. No para sanar sino para desahogar el hoyo negro que se había formado en el centro de tu ser.

Lleva mis alas,
ya estoy cansada de ser buena

Sin saber qué significan esas palabras, ahogas un último gemido, secas tus lágrimas y acomodas la cabeza en la almohada con un nudo en la garganta hasta dormir.

En ese instante, una extraña sensación te envuelve. Sientes un cosquilleo en la espalda y una brisa cálida te rodea. Estás flotando y notas cómo se desencajan de tu espalda unas alas translúcidas y atestadas de heridas. Te sientes aliviada. Abres los ojos y al voltear sólo ves el resplandor, un resplandor de esperanza. Ya no necesitas cargar las alas que te hacían pretender ser un ángel en la tierra, ser buena persona nunca ha sido la meta.

Porque las buenas personas son las mismas que mienten, que en la búsqueda de esa felicidad individual se olvidan de las situaciones del que está a su lado, porque son esas que demandando amor se olvidan de darlo y por hacer justicia con sus propias manos terminan haciendo daño. Amargura, tristeza, comparación, baja autoestima y una larga lista de lastres minan el alma adolorida de esa persona que considerándose buena va por el mundo con su corazón de carnada.

Esa noche dejaste de ser buena para ser mejor, esa noche dejaste de ser tuya y Él te comenzó a atraer con Sus hilos de amor.

PARTE III

UN NUEVO NIVEL

Saber que fuiste creada a propósito y con propósito por un Dios que te ama,
te tiene que cambiar la vida.

Capítulo 11. Mientras espero

Navegando por los tiempos de espera con paciencia y esperanza y a la vez sentirme activa.

Si hasta ahora la aventura de adentrarte en la fe y seguir a Cristo ha sido un ir y venir de emociones, aprendizajes, aciertos y desaciertos, no estás muy lejos de llegar al valle de la espera. Depende de tu personalidad, esta etapa se convertirá en tu desierto o en tu taller, donde crees que casi te vas a desvanecer o donde el alfarero trabajará contigo a tiempo completo, pero de una u otra manera saldrás victorioso. El único detalle es que nunca sabrás exactamente cuándo. De eso se trata la espera y depende únicamente de tu actitud que salgas, cuanto menos, digno.

El valle de la espera no es tiempo de creer en Dios, es tiempo de creerle a Dios! Creer en cada una de Sus palabras, en cada una de Sus promesas para nuestra vida. No es tiempo de recordar el pasado con nostalgia, es tiempo de evocarlo sólo para tener muy presente lo que Dios ya ha hecho en nosotros.

Es muy común para el ser humano cuando ve un futuro incierto aferrarse al pasado, pero esto sólo nos quita la paz que podamos tener en el presente. Sólo Dios tiene el control. De lo que ya fue, de lo que es y lo que será, todo está en las manos del Creador. Así que por qué angustiarse por el pasado o por el futuro si solo tenemos el hoy. Si tan sólo entendiéramos a temprana edad que el porvenir no lo podemos controlar, tendríamos medio camino ganado. No obstante, si bien es cierto que no podemos adelantarnos a los hechos o controlar el futuro, no es menos cierto que contamos con el poder de Dios para obrar en el presente con lo que sea que tengamos en las manos.

Éxodo 4:1-5

4 Entonces Moisés respondió diciendo: He aquí que ellos no me creerán, ni oirán mi voz; porque dirán: No te ha aparecido Jehová. ² Y Jehová dijo: ¿Qué es eso que tienes en tu mano? Y él respondió: Una vara. ³ Él le dijo: Échala en tierra. Y él la echó en tierra, y se hizo una culebra; y Moisés huía de ella. ⁴ Entonces dijo Jehová a Moisés: Extiende tu mano, y tómala por la cola. Y él extendió su mano, y la tomó, y se volvió vara en su mano. ⁵ Por esto creerán que se te ha aparecido Jehová, el Dios de tus padres, el Dios de Abraham, Dios de Isaac y Dios de Jacob.

En esta porción de Éxodo, Moisés estaba preocupado por el futuro y Dios le mostró como ocuparse en el presente con lo que tenía en las manos literalmente, su vara. A veces se nos olvida quién es Dios y que, si es Su voluntad, lo que está en nuestras manos, algo tan sencillo como una vara, Él lo va a usar como herramienta para respaldarnos y que Su gloria se establezca aquí en la tierra. ¡No menosprecies tu vara!

En el valle de la espera se necesitarán todas las varas de las que dispongas, pero sobre todo tendrás que ocuparte en lo que sí está en tus manos, tu mente y tu corazón.

Vive un día a la vez:

En espera o no es imprescindible apreciar cada momento que nos ha sido dado. No como que vas a morir sino para que valga la pena vivir. Disfruta el proceso, el trayecto. La vida no se trata de un punto A y un punto B sino de todo lo que hay en el medio. Aprovecha los silencios para conocerte mejor, para conocerlo mejor a Él. Recuerda que hasta Dios que creó todo lo que existe, lo hizo en seis días y el séptimo descansó. Entonces, descansa en Dios y espera con paciencia mientras Él trabaja en tu futuro. Como dice su palabra en Mateo 6:27 "¿Y quién de vosotros podrá, por mucho que se afane, añadir a su estatura un codo?"

Escoge tus pensamientos:

La elección de pensamientos se vincula con el llamado a renovar la mente según la voluntad de Dios. La Biblia nos insta a centrar nuestros pensamientos en lo que es verdadero, noble, justo, puro, amable y digno de elogio (Filipenses 4:8). La idea es que al elegir pensamientos alineados con la verdad y el amor divino, podemos resistir los pensamientos negativos y limitantes que podrían afectar nuestra conducta y relación con Dios y los demás. En tiempos de espera la mente puede convertirse en nuestra enemiga, porque albergamos pensamientos limitantes que son los que se van a convertir en fortalezas impenetrables de nuestra conducta. Por eso, es importante que cuidemos lo que pensamos. Pensamientos de bien y no de mal, tal como los tiene Dios para con nosotros, así deberían ser los nuestros.

Limpia tu mente:

La limpieza de la mente, desde una perspectiva cristiana, implica apartarse de pensamientos y comportamientos que no están en armonía con los principios bíblicos. La Biblia nos exhorta a renovar nuestra mente y a despojarnos del viejo hombre, que está corrompido por deseos engañosos (Efesios 4:22-24). Esta limpieza implica buscar la pureza y la santidad, permitiendo que la Palabra de Dios moldee nuestras ideas y actitudes. Cuidar lo que consumimos es una manera de mantener limpia nuestra mente.

Háblate bonito:

Hablarse a uno mismo con amabilidad se relaciona con el reconocimiento de la identidad en Cristo. En lugar de sucumbir a la autocrítica destructiva, tener nuestra identidad anclada en Cristo como hablamos en el capítulo 1, nos anima a recordar que somos creaciones valiosas de Dios, hechas a Su imagen. Recordar nuestras identidades como hijos e hijas de Dios puede influir positivamente en nuestra autoestima y fortalecer nuestra confianza en que somos amados y cuidados por el Creador. Saber que eres una hija de Dios, deseada y amada, tiene que cambiar la forma en la que piensas de ti y cómo te diriges a ti misma.

Presenta tus peticiones a Dios en oración:

Orar es hablar con Dios. La oración es nuestra comunicación directa con nuestro Padre, nuestro mejor amigo, aquel que nos formó desde el vientre de nuestra madre y nos ha preparado para buenas obras. A ese que nos conoce al derecho y al revés no podemos hablarle con reservas, no podemos ocultarle nuestras preocupaciones y necesidades porque de hecho Él ya las conoce, sin embargo, busca que estrechemos nuestra relación y nos quiere escuchar. La confianza en que Dios escucha y responde a nuestras oraciones refleja nuestro nivel de dependencia y aumenta el poder transformador de la oración en nuestras vidas. No oramos para que la situación cambie, oramos para que Dios nos cambie a nosotros y podamos enfrentar la situación.

La espera activa:

No sé si es sólo a mí que me pasa, pero cuando tengo que esperar por algo el tiempo se me hace eterno, así que siempre he sido de las que van haciendo cosas mientras esperan. Hay una gran bendición detrás de la espera activa.

Y es que normalmente cuando esperamos nuestra mente suele hacer de las suyas y deambular entre pensamientos intrusivos que no van a aportar nada a la situación. Por eso, Dios me tuvo que procesar para aprender a ser muy intencional en destinar tareas para esos momentos de espera. Ir con un libro en la cartera para los tiempos en metro, escuchar algún podcast o incluso actualizar mi agenda. Soy fanática de aprovechar el tiempo.

En el valle de la espera es normal sentirnos estancados. Pero no te dejes. No permitas que el ocio entre en tu vida y de paso a las zorras que nos advierte la palabra (Cantares 2:15). La comparación, la procrastinación, la envidia, la apatía, el desánimo son el batallón del enemigo para provocar que nuestra naturaleza pecaminosa actúe a rienda suelta.

A continuación comparto tres hábitos constructivos para practicar mientras esperas:

1. Deléitate en el Señor

Al deleitarnos en Dios alabamos Su nombre, agradecemos y recordamos cada uno de sus beneficios como nos indica el salmista.

2.   Orar por otros

Esto nos hace extendernos a los demás y no permitir que la espera nos aísle. Es normal que en tiempos de espera nos desesperemos y le demos mil vueltas a la situación, sin embargo, cuando nos salimos de nosotros mismos entonces las bendiciones se agolpan y no tardan en manifestarse.

3.   Escribir Sus promesas

Cuando recordamos lo que Dios ya ha hecho en nuestras vidas y la recompensa que obtuvimos cuando en su momento supimos esperar, aprovechamos el tiempo fortaleciendo nuestra fe. Escribir hace que nuestra mente se concentre más y deje de divagar, al tiempo que activa los sentidos en algo productivo.

 Perlitas de Sabiduría

Jeremías 29:11

¹¹ Pues yo sé los planes que tengo para ustedes—dice el Señor—.
Son planes para lo bueno y no para lo malo, para darles un futuro
y una esperanza.

- Dios tiene planes para nosotros.
- Son planes buenos y que van en beneficio nuestro siempre.
- Dios tiene el control de nuestro futuro y nos promete esperanza.
- Dios cumple sus promesas.

Chispa de acción

Cuenta tus bendiciones. Esta es una práctica que pudieras hacer diariamente si quisieras, y es anotar en un papel 10 cosas por las que estas agradecida el día de hoy. Puedes hacerlo al comenzar o al finalizar el día, pero lo importante es que lo hagas en un tiempo en el que estés despejado y puedas apreciar desde lo más ínfimo hasta lo más significativo de tu día.

Capítulo 12. Vivir para Él

El Poder Transformador del Servicio: Más Allá de las Palabras, amar es una acción!

El servicio es el corazón mismo del amor, la esencia que colorea nuestras vidas con significado y propósito. Dios nos dice en Mateo 20:27-28 que aquel que aspira a ser el primero debe ser un siervo, emulando el ejemplo de humildad y entrega que Jesús nos legó. Este llamado al servicio no es una simple sugerencia, sino un recordatorio de que nuestras vidas encuentran su plenitud cuando nos sumergimos en el acto de servir a los demás.

Imagínate esto: una existencia en la que, al amar, realmente servimos. Porque el amor no es solo una emoción o palabras bonitas, sino la acción misma de servir. Si queremos demostrar amor, debemos sumergirnos en el servicio.

Ahora, ¿cómo podríamos, incluso en nuestros mejores esfuerzos, pagar la inmensidad de la salvación que se nos ha otorgado? La respuesta es simple pero profunda: sirviendo. Y no sirviendo a nuestro antojo, sino alineándonos con la voluntad de Dios.

1 Pedro 4:10

10 Cada uno según el don que ha recibido, minístrelo a los otros, como buenos administradores de la multiforme gracia de Dios.

Esta porción de la palabra nos recuerda que cada uno de nosotros ha sido dotado con habilidades y dones únicos. Estos regalos no son para acumularlos egoístamente, sino para administrarlos con prudencia, extendiendo la gracia que hemos recibido a otros.

Servir a Dios no se trata solo de una capacidad natural o habilidades sobresalientes; se trata de disponibilidad y disposición. Es levantarse y decir: "Aquí estoy, Señor, ¿cómo puedo servirte hoy?". Es tomar cada oportunidad que se nos presenta, sin importar que sea grande o pequeña, y abordarla con excelencia, sabiendo que estamos sirviendo a Dios a través del servicio a los demás.

Colosenses 3:23-24

23 Y todo lo que hagáis, hacedlo de corazón, como para el Señor y no para los hombres; 24 sabiendo que del Señor recibiréis la recompensa de la herencia, porque a Cristo el Señor servís.

Es interesante ver cómo el servicio a Dios está intrínsecamente entrelazado con servir a las personas. No podemos separar uno del otro, ya que la esencia misma de servir a Dios se manifiesta en cómo tratamos y ayudamos a los demás. Si amamos a Dios, no es posible no amar su creación.

Y así, nos convertimos en mayordomos de la gracia divina, un honor y una responsabilidad que nos desafía a mirar más allá de nuestras propias necesidades y comodidades. El servicio nos saca la cabeza de nuestro propio ombligo y nos coloca en el centro del corazón de Dios al preocuparnos por los demás.

Pero ¡ojo! No se trata solo de dar por dar. Es importante recordar que Dios recompensa el servicio integralmente. No es una simple transacción, es un acto de fe y amor que se multiplica en bendiciones tanto para el servidor como para el servido.

Cuando nos sumergimos en el servicio, aprendemos a vivir en la abundancia y en la escasez, como nos enseña Pablo. No viendo en las acciones que hacemos la forma de satisfacer nuestras necesidades solamente sino que anteponemos las necesidades de los demás y su bienestar. Entendemos que nuestra primera responsabilidad no es apegarnos a los placeres mundanos, sino servir fielmente a Dios con nuestros dones y talentos.

Y así, al final, cuando nos presentemos ante el Todopoderoso, ¿cómo justificaremos el no haber utilizado los dones que Él nos ha otorgado para servir a otros? El llamado al servicio es un recordatorio constante de que somos responsables ante Dios y debemos rendir cuentas de cómo hemos utilizado nuestras capacidades para el bien común.

El llamado al servicio nos desafía a trascender las fronteras de nuestro ego y abrazar la esencia misma del amor en acción. Esta introspección nos invita a reflejar una disposición para servir que muestre la sinceridad de nuestro amor y la profundidad de nuestra conexión con Dios y con nuestros semejantes.

El servicio va más allá de una simple acción; es una expresión tangible de nuestra fe y compromiso. Nos lleva a un nivel superior de comprensión, donde descubrimos que al servir a los demás, no solo estamos extendiendo una mano amiga, sino también compartiendo la gracia y el amor que hemos recibido. Nos desafía a no solo ser administradores responsables de nuestros talentos, sino ser herramientas útiles en Sus manos mediante esos talentos.

Mateo 7:19

[19] *Todo árbol que no da buen fruto, es cortado y echado en el fuego.*

[20] *Así que, por sus frutos los conoceréis.*

La analogía del árbol es una metáfora poderosa que resalta el propósito intrínseco de nuestro ser: dar fruto para el beneficio de otros. Así como Dios diseñó el árbol para producir frutos, nosotros estamos destinados a ofrecer algo valioso al mundo que nos rodea. No solo se trata de dar, sino también de asegurarnos de que el fruto de nuestro esfuerzo sea aprovechado por quienes nos rodean. Este recordatorio nos reta a no enfocarnos solamente en nuestra propia cosecha, sino también a extender esa cosecha para que pueda ser un recurso valioso para la comunidad en la que Dios nos ha plantado.

Mi camino al servicio

A pesar de que para muchos el servicio es algo que viene como un agregado natural luego de haber recibido a Cristo en su corazón, mi camino al servicio no fue tan fluido. Al parecer mi corazón nuevo hecho carne no había entendido la importancia y tuvo que haber un rompimiento. En mi caso la excusa siempre fue el tiempo. Nunca tenía tiempo para servir. Luego, fue la capacidad. Cómo era posible que yo fuera capaz de amar a los demás de una forma desinteresada. Pero Dios tenía otros planes, como siempre.

Fue necesario cambiarme de continente, sacarme de mi zona de confort y varios desiertos para que ese amor naciera de una forma inesperada.

Recuerdo el día que mis pastores en Barcelona se reunieron conmigo y mi mente no paraba de soñar con todo lo que haría. Mientras ellos hablaban de la misión y la visión de la iglesia yo sólo podía ver los rostros de las personas que entrarían y serían impactadas de tan sólo cruzar las puertas del templo con todo lo audiovisual que los rodearía. Esto nunca me había pasado antes. Tuve que esforzarme mentalmente por no dejar de escucharlos mientras veía en imágenes lo que Dios estaba poniendo en mi corazón. Ese día se grabó con tinta indeleble en mí el servicio. Y aunque aún no lo sabía, Dios sembró en mi la semilla de la pasión. Esa necesidad de agradarlo a Él sirviendo a su creación, esa necesidad de glorificarlo con todo lo que tenía.

El servicio no lo eliges tú. Dios ya te eligió para servirle y es sólo cuestión de tiempo y que dejes tu orgullo a un lado, junto a las excusas que te puedas estar inventando, para que comiences a caminar en Su propósito. Créeme cuando te digo que no hay lugar donde te puedas esconder, no hay alegría que puedas encontrar en el mundo que pueda igualar la satisfacción de hacer aquello por lo que fuiste alcanzado.

Filipense 3:12

12 No quiero decir que ya haya logrado estas cosas ni que ya haya alcanzado la perfección; pero sigo adelante a fin de hacer mía esa perfección para la cual Cristo Jesús primeramente me hizo suyo.

Lucas 10:33

³³ *Entonces pasó un samaritano despreciado y, cuando vio al hombre, sintió compasión por él.* ³⁴ *Se le acercó y le alivió las heridas con vino y aceite de oliva, y se las vendó. Luego subió al hombre en su propio burro y lo llevó hasta un alojamiento, donde cuidó de él.* ³⁵ *Al día siguiente, le dio dos monedas de plata*[c] *al encargado de la posada y le dijo: "Cuida de este hombre. Si los gastos superan esta cantidad, te pagaré la diferencia la próxima vez que pase por aquí".*

- Necesitamos ser sensibles a las necesidades de los demás.
- No ofrecemos una mano amiga por ser dignos, sino por haber sido escogidos para presenciar una situación puntual.
- La acción va más allá de las palabras. No basta con expresar simpatía o buenas intenciones, sino a tomar acciones concretas para ayudar a quienes lo necesitan.
- No podemos permitir que las diferencias culturales o sociales interfirieran en un acto de amor y asistencia hacia alguien que lo necesita.

Chispa de acción

Haz un mapa conceptual de las áreas de servicio que tiene la iglesia local en la que fuiste plantado, los talentos que reconoces que Dios ha puesto en ti y las áreas que quisieras trabajar en ti. Medita en este mapa conceptual un momento y, si no tienes un ministerio o estas insertado en alguno de tu iglesia, pide a Dios su dirección para que te muestre dónde te quiere. Recuerda que el servicio es de doble vía, servimos con nuestros talentos pero también somos pulidos en nuestras debilidades.

Capítulo 13. La impostora a raya

Lidiando con las voces asesinas en mi cabeza
El síndrome del impostor en el cristiano moderno

La misma aventura que nos invita a creer en ese ser superior que no podemos ver y, sin embargo, está en todo, es la misma que nos desafía al autodescubrimiento y a encontrar en nosotros mismos todo aquello que nos impide tener una relación genuina con el Padre y cumplir el propósito que Él tiene planeado para nuestras vidas. En este camino, nos tropezamos con obstáculos como el "Síndrome del Impostor", una sensación de ser inadecuados o fraudulentos a pesar de los logros evidentes. Este fenómeno no solo afecta a creativos y profesionales, sino que también se manifiesta en el ámbito espiritual, generando dudas sobre la propia fe y el testimonio del cristiano que lo padece.

El Síndrome del Impostor: ¿Qué es y Cómo Afecta la Espiritualidad?

El síndrome del impostor es un fenómeno psicológico que se origina en la comparación constante y una baja autoestima. En el contexto espiritual, se manifiesta cuando los nuevos conversos se sienten abrumados por la culpa y la vergüenza, creyendo que su testimonio no es suficiente ante Dios. Del mismo modo, los cristianos más experimentados pueden sentirse estancados o menospreciados cuando ven a otros más apasionados ocupando roles más importantes en la iglesia.

En la Biblia nos vamos a encontrar muchos personajes que, aun atravesando las tempestades del síndrome del impostor, Dios los utilizó allí mismo donde se sentían insuficiente. Muchas de las veces los pensamientos limitantes asociados al síndrome del impostor están allí desde hace mucho tiempo y han sido plantados por figuras de autoridad en nuestras vidas o, por otro lado, puede ser que la suma de nuestros fracasos nos haya llevado a asumir una realidad distinta a la verdad con la que Dios nos selló al formarnos en el vientre de nuestra madre.

Para una persona que es víctima de esa voz interior impostora es muy normal adquirir malos hábitos que den sentido a esta forma errónea de pensar. Esto lo vemos cuando no podemos avanzar o nos quedamos estancados ante cualquier fallo, no acudimos a una ayuda porque pensamos que el otro nos ridiculizará en vez de ayudarnos y cualquier logro que tengamos lo minimizamos o sale a flote una falsa humildad al respecto.

Reconocer los logros propios así sean pequeños o grandes nos puede ayudar a erradicar cualquier raíz de síndrome del impostor que se esté sembrando en nuestro corazón. Dios, que es Dios, evaluaba cada final de día durante la creación de todo lo visible y lo invisible que había hecho bien o que lo que había creado era bueno.

Génesis 1: 9-10

⁹ Dijo también Dios: Júntense las aguas que están debajo de los cielos en un lugar, y descúbrase lo seco. Y fue así. ¹⁰ Y llamó Dios a lo seco Tierra, y a la reunión de las aguas llamó Mares. Y vio Dios que era bueno.

Esta simple acción nos enseña un principio muy valioso, la auto-reafirmación. El secreto para comprender este concepto radica en discernir entre la autocrítica constructiva y el perfeccionismo destructivo. Mientras la búsqueda de la excelencia honra a Dios, el perfeccionismo alimenta el orgullo.

1 Corintios 16:14

14 Todas vuestras cosas sean hechas con amor.

Hacer todo con amor

El ingrediente esencial para todo aquello que hagamos y emprendamos es tan sólo una hormona que, a pesar de tenerla definida cientos de veces en la biblia y de estudiarla en lo secular de incontables maneras, aún sigue siendo un misterio para la especie humana. Esa que está ligada al parto y a la lactancia, a los abrazos y a las relaciones de pareja, al aperruche que le hacemos a un bebé o a las lágrimas que compartimos con un gran amigo luego de un largo viaje: la oxitocina.

Además de su papel en las relaciones humanas y el apego, la oxitocina desencadena una serie de respuestas fisiológicas que fomentan la confianza y la generosidad. Investigaciones recientes han destacado su función en la regulación del comportamiento social y la empatía. Según un estudio publicado en "Nature" por Feldman, R. (2017), los niveles elevados de oxitocina pueden intensificar la capacidad de comprender las emociones de los demás, fortaleciendo así los lazos sociales y la cooperación en la comunidad.

La oxitocina es la hormona del amor que ayuda al ser humano a conectar y disminuir el estrés. La biblia va más allá y nos muestra en Colosenses que ese amor con el que hacemos las cosas desde el corazón es bien recibido por el Padre que es quien nos recompensa, no los hombres, sino Dios. A Él es que tenemos que impresionar y Él es quien nos medirá con sus estándares que son diferentes a los nuestros. La mejor parte es que todo aquello que hagamos con amor nuestro cerebro lo interpretará como un abrazo. Desde ahí inicia la recompensa.

Colosenses 3:23-24

23 Y todo lo que hagáis, hacedlo de corazón, como para el Señor y no para los hombres; 24 sabiendo que del Señor recibiréis la recompensa de la herencia, porque a Cristo el Señor servís.

5 claves fundamentales para mantener a raya tu impostora

1. Certeza de ser amada: Dios me amó y me formó, entonces Él me conoce más que nadie en este mundo y aun así me escogió… y Él no es loco ni disparatoso para escoger a alguien que no funcione para su plan que es perfecto.

1 Corintios 1:26-31

26 Hermanos, consideren su propio llamamiento: No muchos de ustedes son sabios, según criterios meramente humanos; ni son muchos los poderosos ni muchos los de noble cuna. 27 Pero Dios escogió lo insensato del mundo para avergonzar a los sabios, y escogió lo débil del mundo para avergonzar a los poderosos. 28 También escogió Dios lo más bajo y despreciado, y lo que no es nada, para anular lo que es, 29 a fin de que en su presencia nadie pueda jactarse. 30 Pero gracias a él ustedes están unidos a Cristo Jesús, a quien Dios ha hecho nuestra sabiduría —es decir, nuestra justificación, santificación y redención— 31 para que, como está escrito: «Si alguien ha de gloriarse, que se gloríe en el Señor».

2. Si Dios manda, Él también capacita, provee y respalda… Él te está diciendo el qué, pero sólo Él sabe el cómo.

Josué 1:9

⁹ Ya te lo he ordenado: ¡Sé fuerte y valiente! ¡No tengas miedo ni te desanimes! Porque el Señor tu Dios te acompañará dondequiera que vayas».

3.   Quítale peso a tu ego: No soy yo, es Dios a través de mí....

Efesios 3:20

²⁰ Al que puede hacer muchísimo más que todo lo que podamos imaginarnos o pedir, por el poder que obra eficazmente en nosotros, ²¹ ¡a él sea la gloria en la iglesia y en Cristo Jesús por todas las generaciones, por los siglos de los siglos! Amén.

4.   Compasión hacia uno mismo

Romanos 12:3

Digo, pues, por la gracia que me es dada, a cada cual que está entre vosotros, que no tenga más alto concepto de sí que el que debe tener, sino que piense de sí con cordura, conforme a la medida de fe que Dios repartió a cada uno.

5.   Pedir ayuda a Dios

Santiago 1:5-6

⁵ Si a alguno de ustedes le falta sabiduría, pídasela a Dios, y él se la dará, pues Dios da a todos generosamente sin menospreciar a nadie. ⁶ Pero que pida con fe, sin dudar, porque quien duda es como las olas del mar, agitadas y llevadas de un lado a otro por el viento.

Separar la emoción de los hechos

Para combatir el síndrome del impostor, es crucial separar los hechos de las emociones y los sentimientos. Esta lucha puede ilustrarse recordando y anotando los logros y esfuerzos propios, lo cual puede ayudar a contrarrestar las dudas y los pensamientos negativos.

Yo he estudiado mucho este fenómeno porque como artista he tenido que luchar contra esto toda mi carrera y en cada cosa que emprenda es como esa voz que me dice que en cualquier momento van a venir los que sí saben y me van a sacar del lugar donde yo estoy porque no merezco estar ahí.

Cuando esto sucedía y yo no conocía de Dios una de las técnicas que más me funcionaba era darle hechos a mi impostora. Es decir, me hacía listas para recordarme todo lo que yo había hecho para lograr lo que yo había logrado y de esa manera convencerme a mí misma de qué merecía estar ahí y merecía haber conseguido lo que había conseguido o, por el contrario, convencerme de que aunque no estaba donde quería estar no era porque no había trabajado sino que estaba en el proceso. Ahora que soy una hija de Dios, cuando mi enemigo, que tiene nombre y apellido se llama Diablo Cochino, quiere venir a atacarme yo contraataco con la Palabra de Dios: yo soy escogida, amada, formada y cuidada por el Rey de Reyes, Señor de Señores y merezco todo lo bueno que me pasa por su gracia y por su accionar en mí.

En el contexto cristiano, la identidad arraigada en Dios proporciona una base sólida para desafiar a esa "impostora" interior. Reconocer que somos hijos amados y formados por el Creador del universo nos da la confianza necesaria para superar los desafíos y abrazar nuestra verdadera identidad en Él.

Recuerda tu ancla

Como hablamos en el capítulo 2 para los seres humanos es natural sentir dudas y temores. Sin embargo, como hijos de Dios, debemos resistir a que estos sentimientos se arraiguen en nuestra mente y afecten nuestra identidad.

Recordemos que nuestra identidad no está determinada por nuestras limitaciones humanas, sino por la verdad fundamental de que somos amados, escogidos y formados por Dios. Esta identidad establecida en Él nos da la fuerza para enfrentar las dudas y los desafíos que se crucen en nuestro camino espiritual.

En momentos de lucha contra esa voz asesina interna es fundamental recurrir a la fe. Al aferrarnos a las verdades bíblicas, como seres creados por un Dios amoroso, fortalecemos nuestra identidad y desafiamos las voces que intentan minar nuestra confianza y fe en Él.

En última instancia, el mensaje es claro: al afirmar nuestra identidad en Dios, ganamos la fortaleza y la confianza necesarias para superar el síndrome del impostor y abrazar nuestra verdadera esencia espiritual, ganando cada día la batalla contra nuestra propia carne. Esto nos permite continuar nuestro viaje espiritual con valentía y convicción, sabiendo que somos amados, aceptados y capacitados por el Dios que ya nos ha dado la victoria.

Perlitas de Sabiduría

Efesios 2:10

Porque somos hechura suya, creados en Cristo Jesús para buenas obras, las cuales Dios preparó de antemano para que anduviésemos en ellas.

- Somos creación exclusiva de Dios y Dios no hace disparates, lo cual subraya la importancia y el valor que tenemos cada uno de sus hijos porque además fuimos comprados por la sangre de su Hijo.

- Dios tiene un propósito específico para cada uno de nosotros. No solo nos ha creado y redimido, sino que también nos ha designado para realizar buenas obras. Esto implica vivir de acuerdo con Su voluntad, amar al prójimo, compartir el Evangelio y servir a los demás.

- Antes incluso de que existiéramos, Dios ya tenía planeadas las buenas obras que nos llamaría a realizar. Esto nos muestra el cuidado y la soberanía de Dios sobre nuestras vidas, y nos da la seguridad de que Él tiene un propósito específico para cada uno de nosotros.

Nombra a tus impostores y al lado escribe hechos y/o versículos que te ayuden a callar su voz intrusiva en tu mente.

Capítulo 14. Redefiniendo
mi éxito en Dios

Cambiando patrones del mundo para alinearnos
a los de Dios

Desde el inicio de los tiempos el ciclo de la vida del ser humano se basaba en nacer, crecer, reproducirse y morir. Luego el ser humano fue agregándole pestañas a su proyecto de vida, sobre todo por el área laboral, que han ido modificando esta ecuación de forma radical. Según la cultura y el entorno socioeconómico del individuo, el éxito se va a definir de diferentes maneras y atendiendo distintas perspectivas.

Según la RAE el éxito es el resultado feliz de un negocio o actuación y por otro lado la buena aceptación que tiene algo o alguien. En esta definición ya hay varias palabras que no resuenan conmigo. Ser exitoso dependería de unos resultados o de la aceptación que yo tenga como persona. Si bien es cierto que existen datos concretos para medir la aceptación de un negocio o una persona, no es menos cierto que Dios nos dice que nuestra identidad y nuestra aceptación está en Él, por lo que ser exitoso no debe depender de unos resultados de los cuales no tengo el control y de una aceptación que no venga de Dios.

Hechos 10:35

Pero en toda nación, el que le teme y obra justicia es aceptado por él.

Otro aspecto para evaluar en esta definición de éxito es el enfoque a los resultados que por décadas también se ha sabido que aunque suelen funcionar a nivel administrativo a nivel integral pueden ser no aptos para determinar la potabilidad de un negocio o persona y esto es porque de resultados negativos sacamos muchos aprendizajes enriquecedores, mientras que el camino a un resultado positivo puede estar minado de angustia y desgaste. Si sólo vemos el resultado, estaremos obviando algo muy importante: el trayecto al éxito.

No se trata de fingir hasta conseguirlo como dice el mundo pues la integridad durante el camino también va a definir tu éxito. Hay personas que sacrificarán su salud física y/o mental, el tiempo con su familia o su estabilidad económica por seguir el éxito anhelado, mientras que de otra banda estarán los que "sacrifican" ese éxito que el mundo exalta con tal de tener salud, familia y provisión. Cada cabeza es un mundo.

Filipenses 3:7-8

⁷ Pero cuantas cosas eran para mí ganancia, las he estimado como pérdida por amor de Cristo. ⁸ Y ciertamente, aun estimo todas las cosas como pérdida por la excelencia del conocimiento de Cristo Jesús, mi Señor, por amor del cual lo he perdido todo, y lo tengo por basura, para ganar a Cristo.

Cuando me di cuenta de que el éxito del mundo hacía mucho que no significaba nada para mí, el éxito en Dios comenzó a tener mucho más sentido en mi vida. Luego de escudriñar Su palabra, afirmar mi identidad, conocer mi propósito dentro de Su plan perfecto y finalmente descansar en su voluntad, no concibo el éxito fuera de Proverbios y Eclesiastés. Proverbios nos habla de las actitudes correctas para lograr lo que queremos y Eclesiastés nos recuerda los tiempos y lo que es importante.

Proverbios 16:3

Pon todo lo que hagas en manos del Señor, y tus planes tendrán éxito.

Esa promesa es una de las que debes atesorar con más ahínco si has recibido un propósito puntual, porque hay una gran bendición en descansar en sus brazos mientras avanzamos en fe.

Eclesiastés 3:12-13

[12] Así que llegué a la conclusión de que no hay nada mejor que alegrarse y disfrutar de la vida mientras podamos. [13] Además, la gente debería comer, beber y aprovechar el fruto de su trabajo, porque son regalos de Dios.

Disfrutar el proceso es algo que se dice muy rápido pero asimilarlo y vivirlo es muy diferente. Cuando se logra un real entendimiento de que en el camino muchas veces hay más bendiciones que en el final que esperamos, ese disfrute se hace indispensable, se hace necesario.

Conceptos para interiorizar tu éxito de manera diferente en Dios

- Someter nuestra voluntad a la autoridad de Dios: Quien ama, obedece.

Que nuestra creatividad esté dirigida a nuevas formas de obediencia y de entendimiento y no en hacernos de la vista gorda de los mandatos establecidos por Dios en Su palabra porque eso se escribió hace miles de años y ahora corren otros tiempos. La palabra de Dios es viva y eficaz y nunca pasará.

Deuteronomio 28:13-14

¹³ Si escuchas los mandatos del Señor tu Dios que te entrego hoy y los obedeces cuidadosamente, el Señor te pondrá a la cabeza y no en la cola, y siempre estarás en la cima, nunca por debajo. ¹⁴ No te apartes de ninguno de los mandatos que te entrego hoy, ni sigas a otros dioses ni les rindas culto.

- Ser como la tribu de Isacar: Entendidos en los tiempos.

Hay un calendario eterno y unos tiempos perfectos de los cuales el hombre no conoce. Sin embargo, gracias al poder de Dios en nosotros podemos discernir temporadas. Partiendo de los múltiples ejemplos que usa la biblia sobre la agricultura, esto se cumple en el principio de la siembra y la cosecha. La habilidad de discernir cada temporada es imprescindible tanto para sembrar como para cosechar. Conocer los tiempos nos da las herramientas para saber qué hacer y cómo liderar.

1 Crónicas 12:32

De los hijos de Isacar, doscientos principales, entendidos en los tiempos, y que sabían lo que Israel debía hacer, cuyo dicho seguían todos sus hermanos.

- Prepararnos como Ester para el momento justo: En Dios no hay coincidencias.

Ester era una joven muy bonita que junto con otras jovencitas vírgenes fue escogida para estar en la presencia del Rey, porque él elegiría a su reina de entre ellas. Sin embargo, antes que Ester estuviese en la presencia del rey, ella pasó por un proceso de embellecimiento, que consistía en un año de tratamiento. Ester fue escogida y no es hasta después de ser elegida cuando conoce el propósito detrás de la posición que adquiriría.

Ester 4:14

¹⁴ Porque si callas absolutamente en este tiempo, respiro y liberación vendrá de alguna otra parte para los judíos; más tú y la casa de tu padre pereceréis. ¿Y quién sabe si para esta hora has llegado al reino?

- Entender la fatiga como parte del proceso: Hacer pausas es de valientes.

Dios dice "Vengan a mí todos los que están cansados… y yo les daré descanso". No hay un cansancio más agradable, aunque se lea contradictorio, que aquel que se siente al estar trabajando o haciendo algo que amamos y que nos gusta. Es lo que pasa cuando nos pegamos una amanecida hablando con nuestra pareja o pasamos una vacaciones con la familia de las que luego necesitaremos otras vacaciones. Lo cierto es que el camino al propósito puede tener sus tramos adoquinados y sus tramos pulidos y en todo momento Él nos promete estar a nuestro lado sosteniendo nuestros brazos y recargando nuestro espíritu para cosechar según hayamos sembrado.

Gálatas 6:9

⁹ No nos cansemos, pues, de hacer bien; porque a su tiempo segaremos, si no desmayamos.

Lucas 16:10-13

¹⁰ Si son fieles en las cosas pequeñas, serán fieles en las grandes; pero si son deshonestos en las cosas pequeñas, no actuarán con honradez en las responsabilidades más grandes. ¹¹ Entonces, si no son confiables con las riquezas mundanas, ¿quién les confiará las verdaderas riquezas del cielo?; ¹² y si no son fieles con las cosas de otras personas, ¿por qué se les debería confiar lo que es de ustedes?

- Confío en Dios con las pequeñas cosas que me da a administrar: responsabilidades en mi casa, mis posesiones, mi servicio en la iglesia, mis dones.
- Dios ve la disposición de mi corazón mientras actuamos.
- Mi actitud define el tiempo de mi proceso.
- Mis éxitos o mis fracasos no me definen, sino los aprendizajes que saco de cada uno de ellos y el estado en que se mantenga mi corazón en el camino.

Chispa de acción

Dibuja una mesa y en cada pata de la mesa escribe un aspecto de tu vida que sostenga tu éxito. Medita sobre la estabilidad de tu mesa y pide a Dios que te guie en el fortalecimiento de cada área con el fin de que puedas experimentar la prosperidad en Cristo y la abundancia que Él nos promete en esta vida antes de reunirnos con Él por una eternidad.

Capítulo 15. Y ahora, otra historia...

2 Corintios 12:9

Y me ha dicho: Bástate mi gracia; porque mi poder se perfecciona en la debilidad. Por tanto, de buena gana me gloriaré más bien en mis debilidades, para que repose sobre mí el poder de Cristo.

Es agosto de 2018. Llevo apenas unos dos meses que he entregado mi corazón a Cristo y ya mi mundo no es el mismo. Tomé un avión y me fui de vacaciones a viajar por Europa con una libreta en la mano, escribiendo promesas pero también escribiendo historias. Dios me devolvió un sueño de niña tan pronto llegué a sus brazos y fue el de ser escritora. En mi niñez y adolescencia era de las que llenaban cuadernos y cuadernos de historias. Escribía cuentos, poemas, ensayos de lo que pensaba de la vida. Incluso recuerdo que escribí una vez algo sobre la existencia de un ser superior. Desde muy temprana edad lo mío era cuestionar mi realidad y escribir. Más tarde, ambas pasiones se materializaron en una carrera y es ahí cuando decido ser periodista, pero periodista de las de verdad que andan con una grabadora en una mano y la lupa de la justicia en la otra.

La vida adulta me golpeó en plena cara cuando la realidad de la profesión no era lo que yo me había imaginado. Prefería mis mundos ficticios de historias creadas a una farsa en la que se jugaba a ser imparciales desde pedestales. Así que estudié cine y poco a poco la pasión por la escritura y la lectura se fue apagando en mí para dar paso a una Sheryll logística, a una Sheryll esquematizada y organizada. Por eso me sorprendió tanto reencontrarme con la Sheryll creativa y más me sorprendió saber que para eso había sido diseñada y que con mis manos entre las suyas Dios me estaba preparando para entregarme mi propósito. Ahora se oye bonito, y hasta poético, pero en ese momento tenía tantos sentimientos encontrados que recuerdo que ese viaje fue como una válvula de escape. Era mucha información que venía como un torrente y yo no estaba ni preparada ni alineada con lo que Dios quería entregarme.

Eran sueños, nuevos retos, que se agolpaban cada día en mi mente y en cada rincón de mi ser cada vez que pasaba un ratito más con Él. Al mismo tiempo estaba moldeando mi carácter de la manera más trabajosa y delicada del mundo. Dios tenía que hacer un trabajo fino conmigo porque hasta en ese momento podía reconocer que había creído tantas mentiras que no identificaba la verdad en mí. Dios tuvo que hacerme una cirugía de cuerpo entero comenzando con mi mente y con mi corazón que serían transformados sólo por su poder, nada más.

En los primeros dos años de ser cristiana mi mejor amigo era el baño. Allí era que me alejaba del ruido del mundo y buscaba ese poder de Cristo en mí para enfrentar el día a día. No fue fácil y ahora sé que no se supone que lo sea, porque Su poder es ahí donde se perfecciona en nosotros. Cuando asumimos que no podemos, cuando estamos a centímetros de tirar la toalla, cuando no vemos una salida.

Me pasan dos cosas al recordar ese pasado. Me alegro por el camino recorrido y porque verdaderamente puedo ver cómo la mano de Dios ha obrado en mi vida, y a la vez me siento intimidada por encontrar vestigios en mí de una carne altiva, de una carne provocadora y de una carne autodestructiva. Queda mucho por entregar y el camino cada vez se hace más angosto.

Uno de los pasajes que Jesús compartió en este sentido es el de la puerta estrecha. Pocas palabras que para buenos entendedores son más que suficientes. Este es un concepto que cuando se revela se entienden muchas cosas y ya no vuelves a embarcarte en cualquier batalla, sobre todo en aquellas que no te pertenecen.

Es una puerta estrecha la amabilidad, elegir el camino del cambio y de mejorar cada día. El camino se hace angosto en el buen hacer, en lo correcto. Se convierte incluso en un camino solitario porque hay personas que no lo entenderán y poco a poco o de golpe se alejarán. Ese camino no es para todos, por tanto no todos están destinados a quedarse a tu lado. Decir palabras que no edifiquen o hablar de las otras personas ya no te identificará igual, ni las mentiras por más blancas que quieran vestirlas no será lo habitual en tu boca.

Jesús dijo que la puerta es estrecha y angosto el camino (Mateo 7:13), pero también dijo que descansemos en Él pues su carga es ligera y conlleva una más grande y mejor recompensa no en esta tierra sino del Padre que está en los cielos. Identificar esa gracia en mi vida me ayuda a caminar el camino con la frente en alto por más angosto que parezca, por más estrecha que se haga la puerta.

Y cuando pensaba que ya no podía ponerse más difícil, llegó la pandemia. No sé si sólo me pasó a mí y confío en que no, pero para mí todo el proceso desde el 2018 con el Señor me ayudó a seguir viva. Literalmente, yo no sé dónde estaría si en la pandemia no hubiera tenido una relación con Dios como la iba construyendo hacía sólo unos años. En cuarentena conocí ese lugar secreto donde la adoración nos puede conectar con lo eterno y perdemos de vista por instante nuestra fragilidad y nos damos cuenta de que sin Él ciertamente no somos nada. El lugar secreto me salvó, me restauró, me conectó con mi Padre y definitivamente me conectó con mi propósito. Ahora tenía tiempo y estaba sola. No recuerdo un tiempo en el que había sido tan productiva antes estando entre cuatro paredes. Y para que veas cómo la mente igual me jugaba a veces algunas trastadas, fue en pandemia cuando también tuve una crisis grande de productividad: sentía que no había hecho nada en la vida! Dios me enseñó ahí a darle hechos a mi ansiedad y me hice fanática de las listas y de terminar lo que comenzaba, porque sólo así podía demostrarme a mí misma que la productividad no valía de cuánto hacía o dejaba de hacer sino de cómo la satisfacción de una simple tarea cumplida comenzó a llenar mis días.

Dios me quería entregar mucho más y mi anhelo de conocerlo y agradarlo también crecía en mi interior. Hacia finales del 2020 una relación fallida le dio un vuelco a mi corazón pero también trajo aires definitivos de cambio. Comienzo a acariciar la idea de especializarme formalmente en guión y se vuelve a cruzar Barcelona en mi vida. Más abajo te explico bien qué es lo que encuentro en Barcelona, pero por ahora mantengámonos en ese nuevo deseo que Dios estaba poniendo en mi corazón de cruzar un océano en busca de comenzar a accionar en mi propósito.

Alguien me dijo una vez que cuando me pongo algo en la mente es casi imposible que no lo consiga y hoy lo creo. Todo el mundo me hablaba de lo valiente que era por dejar mi tierra y mi familia, todo lo que conocía por ir tras un sueño, lo cierto es que ahora que lo veo en retrospectiva para mí no hubiera existido otra manera de avanzar. Yo me veía la cobarde más grande del universo por haber retardado tanto el ir tras ese sueño. Comencé el papeleo con la universidad, con el consulado español, averiguando donde viviría y cómo me movería. Llegado el tiempo todo estaba listo, sólo una cosa no había conseguido a mi favor y era ser beneficiada con alguna beca o un fondo económico. Es por eso que decidí vender todo y partir. Cuando conté esto en mi grupo pequeño de chicas ese último martes que asistí, recuerdo que mi líder me trajo a memoria la historia de Eliseo.

Eliseo y el salto de fe

Un salto de fe implica intimidad para estar atentos a la voz de Dios, implica obediencia para seguir sus planes aunque parezcan fuera de este mundo, pero, así mismo, implica depender de Él en cuerpo, alma y espíritu… y muchas veces en dinero también. En la biblia podemos encontrar muchísimos saltos de fe, desde Abraham, Ester, María, Daniel, Pedro, todos fueron hombres y mujeres que confiaron ciegamente en Dios y encomendaron a Él sus caminos.

En esa temporada mi fascinación se centró en la historia de Eliseo. En 1 Reyes 19 encontramos cómo Elías echó sobre él su manto, señal de que Dios lo había escogido como su sucesor y su respuesta fue inmediata.

Eliseo se despidió de sus padres y con sus pertenencias hizo una fiesta. Dice en 1 Reyes 19: 21 "Tomó su yunta de bueyes y los sacrificó. Quemando la madera de la yunta, asó la carne y se la dio al pueblo, y ellos comieron. Luego partió para seguir a Elías y se puso a su servicio". El hizo una fiesta y saltó! La fe no es fe hasta que es lo único que te sostiene, eso me decía mi pastora y era lo que estaba viviendo.

Cuando encomiendas a Dios tus caminos, Dios va a usarte así tal cual eres y con los anhelos que tienes en tu corazón para Su propósito y Su plan perfecto en tu vida. En mi caso, lo que más me reconforta es saber que no estoy saltando al vacío, como antes de estar en sus caminos, ahora estoy saltando segura y confiada en que los brazos de mi Padre me sostendrán siempre. Como nos promete en Deuteronomio 33:27 "El Dios eterno es tu refugio; por siempre te sostiene entre sus brazos".

Y los frutos del salto de fe son incalculables, porque las bendiciones de lo que supone hacer esto en tu vida impactará a miles de tus generaciones y será la semilla del ejemplo que atraerá a muchos más a Cristo!

Barcelona y yo

Mi historia con Barcelona podría relatarse como cualquier historia de amor. En 2009-2010 cuando estudié en Madrid, Barcelona fue mi escape, mi cable a tierra, mi conexión necesaria con el mar y aunque mi mente sabía muy bien que era otro mar de arenas más oscuras y aguas templadas, era lo más parecido a mi mar de arenas blancas y palmeras. Luego en 2018 cuando viajé me reencontré de nuevo cara a cara con ese mar que me supo leer en uno de los peores momentos de mi vida. Era de esperarse que al llegar a finales de 2021 nuevamente a las costas del mediterráneo mi cuerpo temblara, yo no era la misma pero seguía necesitando esa mima conexión.

Es difícil de explicar más allá de decir que Barcelona es mi hogar. Me pasó algo muy fuerte que causó para mí un quiebre importante cuando en los primeros meses de vivir en la capital catalana viajé por asuntos familiares a Montpellier en el sur de Francia. El regreso lo hice en bus, cinco horas de paisajes y horizontes frondosos y secos a cada lado de la frontera franco-española. Para mi sorpresa los primeros desniveles a la entrada de la ciudad sentí paz, estaba llegando a casa. ¿A casa?, me dije. Sí, Barcelona era mi casa y desde ese día lo ha sido sin que me una a este suelo nada más que mi propósito, que mis ganas de aportar, de, incluso, encontrar el amor y ver crecer a mis hijos. No es la sangre, no es la nacionalidad, simplemente me une el amor.

Me podrán decir loca pero esto lo tengo que contar y es que no me van a creer pero mi iglesia Hechos Barcelona tiene el mismo tiempo que yo de cristiana. Mis pastores Radill y Jessica levantaron en mayo del 2018 una iglesia que tres años y medio más tarde yo encontraría en una búsqueda en Google sentada en una habitación del hotel en que me hospedé recién llegada en el 2021. Mientras estaba buscando habitación para vivir el Espíritu Santo me inquietó para buscar iglesia y como siempre me cambió los planes. Espero que ya en este punto me conozcas y puedas adivinar que al siguiente domingo salí con un listado de tres iglesias para visitar. La primera fue Hechos, la segunda fue otra mucho más grande, pero de camino a la tercera ya tenía mi decisión hecha. Me gusta pensar que esa no fue ninguna coincidencia y que Dios ya estaba levantando una servidora fiel del otro lado del mundo que llegaría a sumarse al trabajo en excelencia de una iglesia que ama a Dios y ama a las personas.

Se los dije, es difícil de explicar. Porque mi familia y mis amigos quizás no entenderán, porque a veces ni yo misma entiendo que hago aquí más que por esa voz que me dice: este es tu lugar.

PARTE IV

EL APOSENTO

Mi proceso no es mayor que mi propósito y mi propósito es sólo una parte del plan de Dios.

El Aposento

Imagina un espacio seguro, un refugio para el alma, donde la luz de la verdad brilla con intensidad y la presencia divina se puede tocar. Este lugar no es físico, es un lugar de encuentro, un rincón íntimo donde se gesta la comunión con lo eterno, donde se cierran las ventanas al pecado y se abren puertas hacia la plenitud que sólo se descubre en Dios.

En esta cámara secreta del espíritu, la premisa fundamental no es debatir, sino escuchar. Es un espacio de introspección profunda, donde las lecciones se aprenden no solo de la experiencia acumulada a lo largo de veinte años libres del pecado, sino también de la fresca decisión tomada hace apenas veinte minutos de no caer en él, recordando que el pecado no es más que todo aquello que nos separa de Dios. Aquí, la constancia y la determinación se celebran tanto como la voluntad recién fortalecida para no mirar atrás. El aposento es el resultado de obedecer después de haber cuestionado hasta la saciedad. El aposento es escudriñar porque el sólo acto de leer es muy vano ya.

Uno de los pilares primordiales que sustentan este aposento es la búsqueda constante de cambio, el anhelo de mejorar cada día. Aquí se entiende que aquellos que desean transformación genuina la buscan incansablemente. Volver atrás nunca es una opción en este espacio sagrado, donde el miedo no paraliza, sino que se convierte en un motor para avanzar hacia la luz, hacia la luz de lo que sí se conoce.

En el aposento se aprende a ministrar no solo con palabras, sino con la esencia misma de lo que se es. La vida se convierte en ese lienzo en blanco que plasma cada acto sazonado con amor simple y práctico, donde se predica con hechos y se imparte con la experiencia los aprendizajes de una buena batalla, no perfecta pero digna. En el aposento estamos constantemente #subiendolavara, no exigiendo desde el perfeccionismo sino desde la excelencia de ser una hija de Dios actuando en consecuencia.

Siempre me he imaginado esta vida como la forma en que Dios nos prepara para lo eterno. Si tuvieras que elegir a un familiar o a un amigo para naufragar en una isla seguro que escogieras a aquella persona con la que tienes más afinidad, con la que tienes una relación sana. Dios nos quiere elegir para que pasemos una eternidad juntos. Cristo nos reclamará como su novia en el final de los tiempos (Apocalipsis 21).

Así que la vida cristiana es una preparación, como nos indica Pablo. Para correr se entrena corriendo, para tocar un instrumento se mejora practicando y para prepararnos para Dios nos pulimos ejercitando nuestra fe.

2 Timoteo 4:7-8

[7] He peleado la buena batalla, he acabado la carrera, he guardado la fe. [8] Por lo demás, me está guardada la corona de justicia, la cual me dará el Señor, juez justo, en aquel día; y no solo a mí, sino también a todos los que aman su venida.

La vida cristiana no es un límite, es la preparación para llegar a la meta que es vivir una eternidad con Dios. Cada paso nos debe acercar a ese objetivo. La lucha no es por la victoria, sino desde ella. Si el enemigo acecha, la respuesta nunca será unirse a él. Y muchos dirán, cómo voy a unirme a él... y es que al creer en sus mentiras estamos uniéndonos a su propósito maligno y no al propósito de Dios. Es pues inminente la decisión de soltar todo pensamiento y acto contrario a la verdad de Cristo y seguir adelante con la certeza de que Satanás ya ha sido vencido y por toda la eternidad él tiene un único final. Cuando el diablo quiera venir a acosarte y culparte por tu pasado, recuérdale cuál es su futuro por toda una eternidad.

Por eso, en el lugar secreto ya no está en duda la fidelidad al Dios que nos redimió y nos escogió. En este aposento aprendemos a vivir en dependencia total. Aquí, cada respiración, cada paso, cada pensamiento, todo se entrega con humildad y gratitud al Creador.

Esas viejas criaturas que se pasaban la vida siendo "Cristas" se cuelgan a la entrada, como se cuelgan los abrigos al entrar a un lugar climatizado y resguardado que no es necesario estar abrigado. Confiamos en que Dios terminará la obra que ha comenzado y para eso la única vestimenta necesaria es nuestra vulnerabilidad. Debemos reconocernos con nuestras virtudes y defectos, nuestros valles y nuestras montañas, nuestras luces y también nuestras oscuridades porque sólo bajo el crisol de nuestra honestidad y debilidad Cristo puede actuar y su poder reflejar a través de nuestra humanidad.

Para situarnos en el contexto del significado bíblico del aposento tendríamos que remontarnos a la resurrección de Jesús cuando les mandó a sus discípulos a no alejarse de Jerusalén luego de su ascensión para esperar por la promesa del Padre. ¡Los discípulos serían bautizados con el Espíritu Santo!

Así que, como nos cuenta la Biblia en Hechos, los discípulos se mantuvieron reunidos a la espera.

Hechos 1:13-14
*¹³ **Y entrados, subieron al aposento alto**, donde moraban Pedro y Jacobo, Juan, Andrés, Felipe, Tomás, Bartolomé, Mateo, Jacobo hijo de Alfeo, Simón el Zelote y Judas hermano de Jacobo. ¹⁴ **Todos estos perseveraban unánimes en oración y ruego**, con las mujeres, y con María la madre de Jesús, y con sus hermanos.*

Lo siguiente que ocurrió en ese aposento fue extraordinario, pues recibieron la llenura del Espíritu Santo y les fueron regalados Sus dones. La intimidad trae cercanía, relación y recompensa. Al aposento se entra con ese anhelo de encontrar al Maestro, de experimentar Su paz, de admirar Su amor inagotable.

En estos tiempos es cada vez más retador encontrar ese tiempo para apartarnos y buscar Su presencia. Pero es tan necesario, o más, que los ocho vasos de agua que a diario precisamos tomar.

Así se nos debe hacer indispensable reclamarle ese tiempo a nuestros días porque lo urgimos para vivir.

Y si a cosas sorprendentes nos referimos al hablar del aposento, es imposible no mencionar el aposento que preparó la sunamita para Eliseo y lo que terminó pasando allí (2 Reyes 4:8-37). De este pasaje de la Biblia podemos extraer características muy reveladoras del aposento:

1. Ese lugar no es pretencioso: la sunamita solamente lo equipó con cama, mesa, silla y candelero, no se necesitaba más.

2. Se construye para agradar y de manera desinteresada: lo construyó para que Eliseo se quedara con ellos cuando pasara por su pueblo.

3. No se tiene que pedir porque ya Dios conoce la necesidad de nuestro corazón y la suple: Eliseo pidió consejo al siervo de la sunamita para saber lo que ella verdaderamente necesitaba.

4. Se reciben promesas por nuestro esmero: Eliseo profetizó un hijo para la sunamita para favorecerla por su hospitalidad y cuidado.

5. Las promesas también mueren y lo que Dios ve es nuestra actitud ante el suceso: la sunamita contestó "paz" al marido cuando la cuestionó sobre para qué quería un criado y una asna a la mayor brevedad.

6. Podemos hacer reclamaciones y buscar explicación en quien nos dio la promesa: la sunamita fue directo al profeta para informarle lo sucedido con su hijo y le dijo que no lo dejaría hasta que este aceptara ir a verlo con ella.

7. Finalmente, en el aposento se renueva la promesa: Al llegar Eliseo al niño lo resucitó allí mismo donde lo había dejado la sunamita y donde él se lo había prometido. ¡Nuestras promesas resucitan en el aposento!

Sin duda, este camino ha sido la antesala perfecta a un aposento que construyo con amor, esmero y también lágrimas. Me encuentro aquí y no pienso salir hasta que me reencuentre cara a cara con Dios. En este aposento anhelo compartir conversaciones poderosas, ser luz y sal, compartir vulnerabilidades mientras espero pacientemente Su regreso. Como los discípulos que conocieron a Jesús y esperaban por el bautizo del Espíritu Santo, yo ahora soy portadora del Espíritu Santo y persevero que vuelva mi amado Jesús.

Aquí eres bienvenido/a, con tus inquietudes, tus anhelos, tus cicatrices de batalla y también tus esperanzas, anhelando ese toque del Padre que te acerque un pasito más a Él. No lo dudes, sigue adelante. Podemos desde hoy decidir vivir la eternidad a su lado, sumergirnos en su presencia libres y sin mancha.

Epílogo

De la última fila a la primera, por Su Gracia.

Pasar de la última fila a la primera en estos últimos años ha sido una travesía emocionante, pero mentiría si digo que ha sido fácil, pues ha sido un recorrido desafiante y hasta doloroso en el que he sido guiada por la misericordia que ha transformado mi vida. Acompañada por la fidelidad de mi Padre, el apoyo incondicional de un amigo excepcional que encontré en Jesús y la guía constante del Espíritu Santo, cada paso ha sido respaldado por la Gracia de Dios. Sin embargo, este camino no ha sido un paseo sencillo. En ocasiones, se ha vuelto arduo y solitario, desafiándome justo en la medida que necesitaba.

Cuando uno toma la decisión de seguir el camino de Cristo, implica un compromiso ineludible de servirle con devoción. A través de Su misericordia, renovada cada mañana, se renuevan también las ansias de complacerle. Este proceso de entrega nos conduce a un mayor autoconocimiento, revelándonos aspectos de nosotros mismos que nos acercan cada vez más a Él. Es esencial reconocer humildemente tanto nuestras virtudes como nuestras debilidades. Encontrar compañeros de viaje, que transiten por el mismo camino, aligera la carga. Así, vamos ascendiendo de fila en fila con humildad y compromiso.

Recuerdo haberle pedido a Dios una doble porción de valentía al percibir una etapa de desafíos en mi horizonte. Su respuesta, tanto escalofriante como alentadora, fue negativa. No porque no quisiera dármela, sino porque Él ya había depositado en mí un espíritu de amor, poder y dominio propio (2 Timoteo 1:7). Me recordó que la valentía ya estaba dentro de mí, y era mi responsabilidad hacerla emerger, pues Él me había moldeado para ello (Josué 1:9).

Quizás te encuentres limitado por la falta de preparación, estabilidad económica o emocional, o te sientas atado por un pasado tumultuoso o un futuro incierto. Es legítimo sentir que no somos merecedores de pasar de fila en fila. Sin embargo, es precisamente en esa falta de merecimiento donde la gracia de Dios se manifiesta en su máximo esplendor.

Al reflexionar sobre el inmenso sacrificio de Dios al entregar a su único hijo Jesús para redimirnos, nos percatamos de que ningún otro amor en este mundo puede compararse a este acto de amor supremo. Nuestra mente humana no alcanza a comprenderlo en su totalidad. Es por esa gracia que somos seleccionados como el remanente de Dios en esta tierra y nos convertimos en parte de Su plan perfecto.

Efesios 2:4-5 resuena en mi corazón como un eco de su amor: "Pero Dios, que es rico en misericordia, por su gran amor por nosotros, nos dio vida con Cristo, aun cuando estábamos muertos en pecados. ¡Por gracia ustedes han sido salvados!"

La gracia es un concepto profundamente arraigado en la teología cristiana, siendo una manifestación del amor y la misericordia de Dios hacia la humanidad. En su esencia, la gracia es un regalo, un favor inmerecido que Dios otorga libremente a las personas, sin que estas lo hayan ganado por sus propios méritos. Esta generosidad inmensa se manifiesta como perdón, redención y bendición, ofrecida a través de la fe en Cristo. Es un acto de compasión que va más allá de la comprensión humana, brindando salvación y la oportunidad de tener una relación restaurada con Dios.

La gracia no puede ser adquirida ni merecida por obras humanas; es un don gratuito que se ofrece a todos, independientemente de su pasado o condición. Es la fuerza transformadora que capacita a las personas para superar sus limitaciones, sanar heridas emocionales y espirituales, y vivir una vida en comunión con Dios. Esta gracia divina, a menudo descrita como un acto de amor inmerecido, perdona, restaura y capacita a aquellos que la reciben, llevándolos a una vida de propósito, significado y esperanza.

Nada puede separarnos de ese amor. No hay acción que podamos realizar para compensar lo que Dios ha hecho, hace y continuará haciendo en nuestras vidas. Nuestra alabanza, servicio, adoración y honra buscan solo agradarlo y unirse a Él en una comunión eterna, para lo cual fuimos creados. Dios nos invita a sentarnos a Su mesa y a llevar a otros a experimentar esta gracia que se nos ha otorgado.

En ocasiones, nuestro corazón puede resistirse a ocupar esas primeras filas debido a fallas recientes o vergüenzas por errores cometidos. El enemigo aprovecha esos momentos para recordarnos nuestro pasado y juzgarnos. En esos momentos, la obediencia debe prevalecer sobre nuestros deseos y someternos a la autoridad divina, sin permitir que una mala racha nos aparte de Dios y nos devuelva a nuestra antigua vida de rebeldía y vergüenza.

A medida que avanzamos hacia las filas delanteras, se hace evidente que los aprendizajes de las filas posteriores deben seguir siendo nuestra fortaleza. Es imperativo servir desde la primera fila, gozando de las maravillas que Dios nos brinda con su gracia y misericordia, manteniendo siempre un corazón enseñable como cuando estábamos en las últimas filas. Las filas delanteras no admiten orgullo, codicia o avaricia. Se demanda más intimidad con Dios, más ayuno y oración, y una disposición continua para seguir creciendo en fe, convirtiéndonos en columnas dentro de la Iglesia donde Dios nos ha plantado.

Demostrar la gracia de Dios en nuestra iglesia a través del testimonio implica ofrecer plataformas y momentos para que los miembros compartan sus historias personales de transformación, redención y cómo la gracia divina ha impactado positivamente sus vidas. Fomentar estos testimonios no solo inspira y alienta a otros miembros, sino que también demuestra la autenticidad de la gracia de Dios en acción. Al brindar espacios dedicados a compartir testimonios, ya sea en servicios especiales, grupos pequeños o eventos de la iglesia, se crea una atmósfera de conexión y aliento donde cada persona puede ver y experimentar cómo la gracia de Dios obra de manera única en la vida de los demás.

Además, para cultivar una cultura de compasión, perdón y servicio en nuestra iglesia, es esencial promover activamente la empatía y el apoyo mutuo entre los miembros. Crear espacios de escucha compasiva, donde las personas se sientan seguras para compartir sus luchas, dudas y dificultades, permite que la gracia de Dios se manifieste a través del amor incondicional y la aceptación. Fomentar la práctica del perdón genuino y el servicio desinteresado hacia los demás fortalece los lazos comunitarios y refleja la gracia transformadora de Dios en nuestras interacciones diarias dentro de nuestra congregación pero sobre todo al salir de las puertas y así ser embajadores de Su gracia en un mundo caído, sediento de amor.

Pasar de la última fila a la primera por Su gracia es un viaje de transformación, crecimiento y redención. Es un testimonio vivo de cómo el amor de Dios restaura, renueva y eleva nuestras vidas. Cada paso hacia adelante representa un encuentro más profundo con la gracia infinita de Dios, una gracia que nos invita a avanzar con valentía y humildad, y nos recuerda que, independientemente de nuestro pasado, somos amados, aceptados y capacitados para servir. Mantengamos eso presente sin olvidar que, si hablamos en términos de milicia, las primeras filas también suelen ser las primeras en ser atacadas, así que: ¡a pelear la buena batalla!

Que este viaje, desde la última fila hasta la primera, sea un recordatorio constante de que en el camino de la fe, la gracia de Dios es nuestro faro, nuestra fuerza y nuestra esperanza, llevándonos hacia un futuro lleno de promesas y posibilidades.

Bibliografía

Capítulo 1.
Meyer, J. (2011). El campo de la batalla de la mente.
Warren, R. (2012). Una vida con propósito.

Capítulo 6.
Maxwell, J. (2010). El poder de las relaciones.

Capítulo 13.
Feldman, R. (2017). The neurobiology of human attachments.
Trends in Cognitive Sciences.

Agradecimientos

Gracias Dios.